生業と交流の民俗

故郷（ふるさと）の記憶［下巻］

那賀　教史 著

みやざき文庫130

目次

故郷の記憶［下巻］生業と交流の民俗

※章数は上巻「祈りと結いの民俗」からの通算

第四章　交流の道

故郷の記憶 〔上巻〕祈りと結いの民俗　目次

故郷の記憶　下巻

生業と交流の民俗

第三章　生業の民俗

第一節　米良（めら）の狩人（かりんど）——西米良村小川地区を中心として——

はじめに

宮崎市佐土原町から西へ三〇キロほど走ると、九州山地の山ふところに抱かれた西米良村に入る。一ッ瀬川の水は樹林の緑をたたえてますます碧く、そこに流れこむ小川をさかのぼると、静かな山里に着く。周囲は、西に一一八八メートルの天包山（あまつつみやま）、東に一二五七メートルの鳥帽子岳、川の両側には、わずかな田畑が広がる。明治時代初期の小川村は、「人煙る頗る繁し、即ち菊池氏の十餘世宇をとせし所にして米良十四村の中央に居る道路橋梁も頗る整い、山中諸村の稍々なるものなり」（註1）とあり、住む人も多く、よく開かれた村の様子がうかがえる。地形を利用し、人々は焼畑を行い、山の幸を

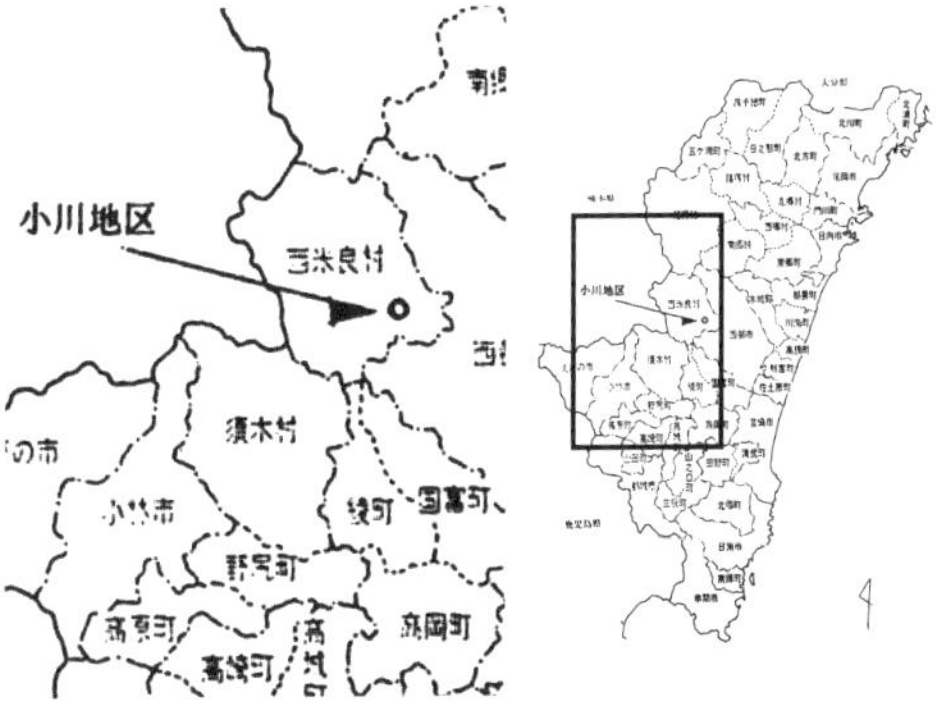

［図１］西米良村小川地区の位置

糧として日々のくらしをたててきた。作物を荒らす害獣への不安は、さまざまな撃退法を人々に工夫させた。恐れるだけでなく、貴重な蛋白源として獣をとる狩猟も盛んに行った。狩猟はどんな方法で行われ、いかなる集団のきまりの中で伝承されてきたのかを、狩猟経験者による聞き取りによって記してみたい。

小川は東米良（現西都市）をひと山越えた西側に位置する。東米良及び県内の狩猟習俗については、幾多の著書が見られる。[註2] それらの地区と小川地区の伝承には、重なるものがあると思われるが、小川独特のものもあるかもしれないと思い、あえて記すことにした。

一　狩りの種類と狩法

延享三（一七四六）年三月、「米良山改帳」[註3]によると、村内の屋敷数は七四七軒、鉄砲数六六四挺の記録がみえる。領内の産物取高をみると、「鹿皮六十二枚、羚羊（かもしか）皮五十四枚、熊二丸、年に寄多少御座候取候節は惣而主江納申候」とあり、鉄砲猟により鹿、羚羊、それに熊もとられている。小川地区木浦には熊供養の石塔があり、それを裏づけている。前掲の『日向地誌』には、猪鹿数十頭が米良の村々の特産として記され、猪猟も盛んであったことがうかがわれる。

小川地区の人々によると、小獣については昭和二十三年頃まで、毛皮として需要の高いモマ（ムササビ）をよくとった。昭和二十一、二年当時山仕事の日当が一〇〇円の頃、モマの皮は一枚一二〇円で売れた。イタチ（トマサゴ）のオスの赤皮は四五〇円から五〇〇円、テンは襟巻用としてヒテン（黄色）、スステン（黒味）があり、八〇〇円から一〇〇〇円と破格の値がついたが、思うようにはとれなかったという。この他、ウサギは、コバ大根畑を荒らしにくるものをワナにかける程度であった。また、タヌキや鳥もワナをかけてとった。

狩りの方法には、個人で行うものと集団で行うものとがあった。

・ヒトリガリ（一人）
・フタリガリ（二人）
・モヤイガリ（三人以上十人くらい）地区内の気のあうもの同士。
・ナカマガリ（狩人の集団）

カクラ（猟場のことで狩倉とも書く）は、上三財から奥と手前で、上組と下組に分かれており、上（かみ）のもんのカクラ、下（しも）のもんのカクラという暗黙の了解があった。境界は谷や尾根などで、上組と下組とが合同で猟をした。戦前に結成された猟友会による猟友狩りでは、合同で狩りをした後、とれた猪で飲み会をする伝統がある。昔から、「欲ないことをするとシシはとれんもんじゃ」「いざこざをするとシシはとれん」と言われ、狩人同士が出会ったときは、「とれたか」「とれんな」「おらんな」などと声をかけ合ったものだという。狩りの人数は、「七人カリンドに仇なし」といわれる。七人ぐらいで組むと猟はずれをすることがなかったとされ、効果的な猟を行う上での適正な人数であったと考えられる。

二　狩りの工程

(一)　狩りの前の準備

狩りに行く数日前には、銃の点検と玉作りを行った。昔は、玉は自分でこしらえた。浜砂信明氏は、以前、自分でも玉造りをした経験を持つ。囲炉裏の端で、イザラに鉛の小片を入れ、炭火で鉛を溶かす。それをイカタ（タマツクリ）の先端部にある内側が球状の空間に注ぎ込み、冷えて固まったら、灰の中や床板に落とす。形がなめらかな球になるように、一個一個丁寧に作った。玉の大きさが、タマツクリの大きさによって違い、二〇番とか三〇番等があった。一回の猟で約十個ぐらい作った。小川地区では昔から、「ネコの前で玉を詰めて見せるな」とか「鉄の玉を隠し玉として持って

イナベ（イザラともいう）

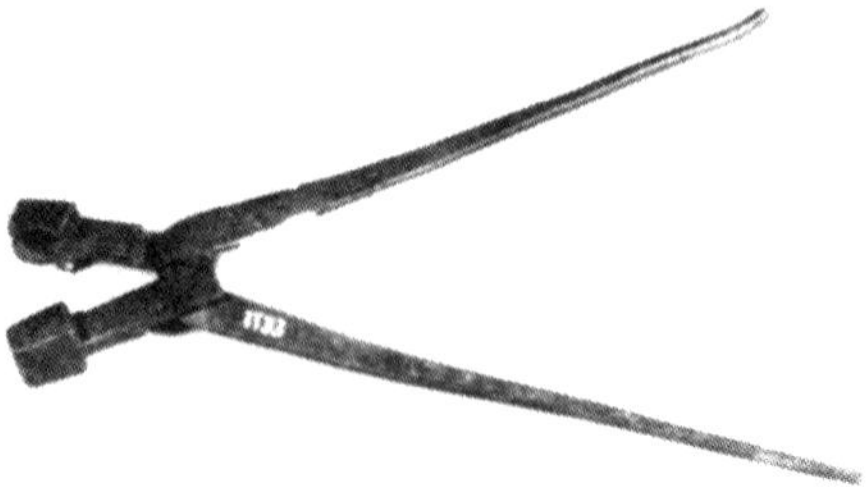

タマツクリ

（資料写真はすべて宮崎県総合博物館所蔵）

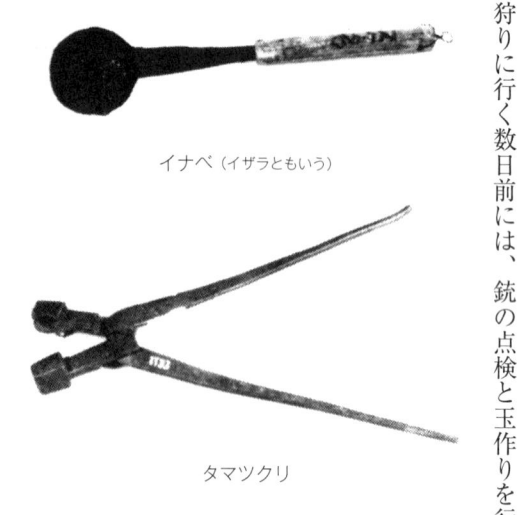

タマイレ

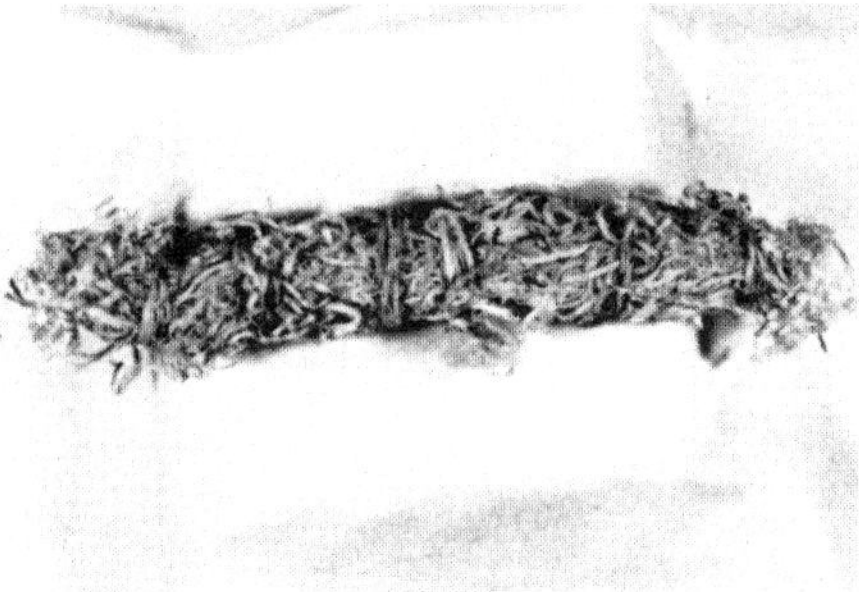
ヒナワ

おけ」という言い伝えがある。猫が何発詰めたかを知っていて、主人を襲うからという猫また伝説に関するものである。これは、西都市銀鏡地区に伝わる勝三郎爺の話として「猫のいる所で鉛弾を鋳るものではないといい（中略）鉄のキルカネ玉を用意していないとタマウチはするものではない。云々」と紹介されている話と共通している。（註4）

火縄銃を使用した頃、県内で使われた狩猟用具が宮崎県総合博物館に収蔵されている。火薬を必要量だけ詰め込むカヤクイレは竹や、桐の木等に漆を塗った容器である。キンチクダケその他の竹で作られたヒナワもある。ヒナワは、竹の表皮を薄く削り、乾燥させ、木炭をつけ、細い縄に編んだものである。常時、火を使えるように携帯用のヒダネイレもある。玉入れには、鹿角で鳥のくちばしをあしらった鹿皮製のものがある。銃の点検をしながら、様々な道具を準備した人々の様子が思い浮かべられる。

㈡　狩人の装束と携行品

山に入る時は、頭にズサンボウをかぶった。和紙に柿渋を塗り、

ズサンボウ

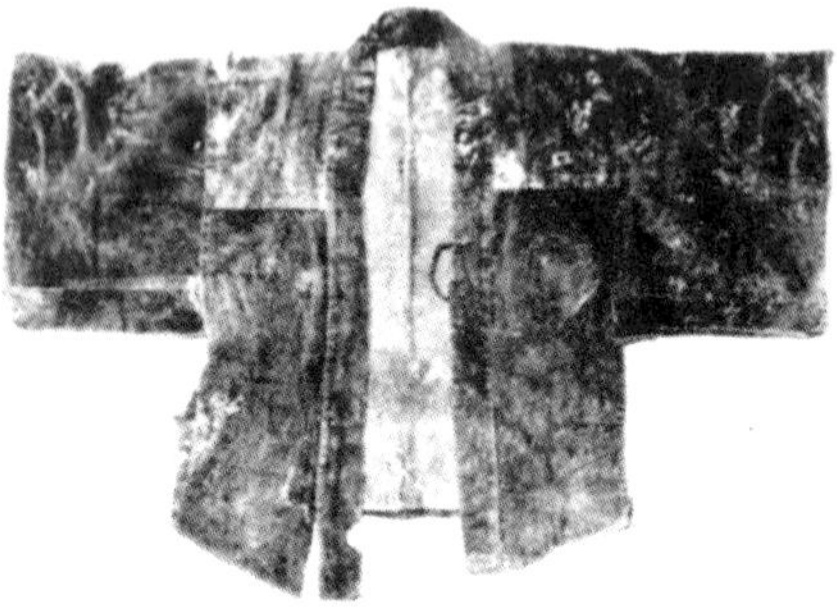

カワオバオリ（鹿皮）

マナイタ、ヒモ（ツヅラ）、ヤマザシ

その上から猪の血を塗ったものである。猪の血を塗ると、人の匂いが弱くなり、猪に気づかれずに近くまで行けたという。[註5] 寒さを凌ぐために、手拭で頬かむりをした。古くは、仕事着の上にカワバオリをつけた。これは鹿皮をなめし、上衣に裁ったものであり、風や寒さにも耐えることができた。[註6] 背中には、スゲテゴを負った。中には、飯用のメンパ（丸いものはコバチという）、味噌や漬物を入れるサイバチ、それにインロウやキセル等を入れた。メンバには、縁起をかついで梅干を入れなかった。「梅は、素戻り」といって、素戻りが獲物なしにつながることを恐れてのことであった。

首からは、竹製の呼び笛であるタカウソを吊るした。もとは鷹のすねで作ったが、竹の場合はニガタケで作った。腰には弾帯（それ以前はダンガンイレ）をつけ、ヤマザシ（山刀）を差し、獲物の手足を縛るヒモを結んだ。ヒモは、二～三尋（ひろ）ほどの麻の緒であったが、手元にない場合は、フジカズラを切って代用した。下衣は袴（モモヒキ）、両下肢前部には腰部で固定し、足首とその上部を紐で結んだタチアゲをつけ、山中を駆けぬけるときのトゲや小枝による損傷を防いだ。(註7) また、何時間も寒い山中で待つため、尻が冷えないようにシキガワ（ムジナの皮製）を当てた。足には阿波足袋を履

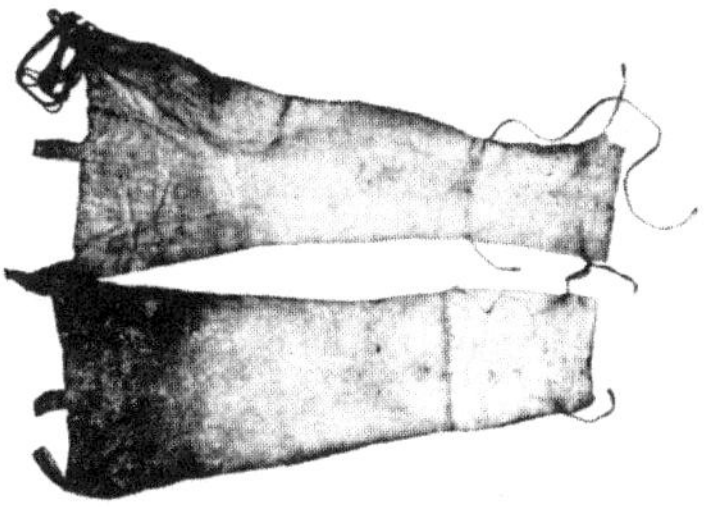
タチアゲ（鹿皮）

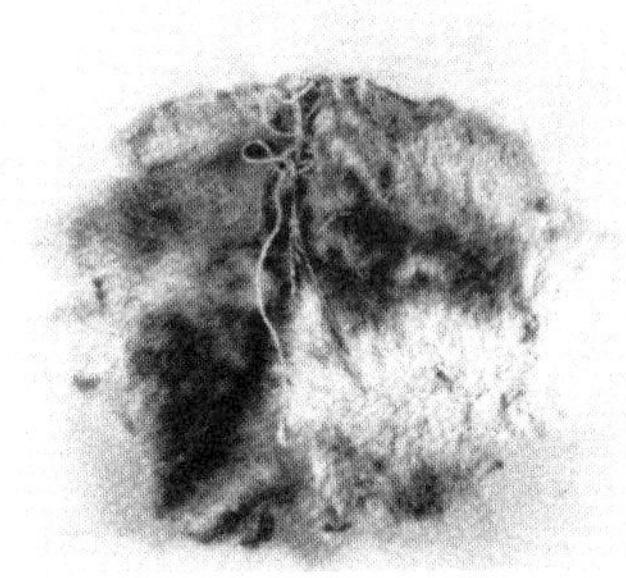
シリアテ（ムジナの皮）

ヒナワジュウ

き、その先にワラジをつけた。

手には銃を持つ。以前は、火縄で点火するヒナワジュウを使用していたが、玉をうら込めするカンウチジュウ（ほおづけ銃ともいう）を使用するようになった。やがて、ムラタジュウが広まり、さらに、連発銃へと変化した。なお、ズサンボウ、カワバオリ、タチアゲについては、使用したことを伝え聞いている人はいるが、実際に着用して狩猟をした経験者はおられなかった。

(三) 山入りから猪への出会いまで

狩りはその時の都合で人数が変わり、気の合う仲間がカリダモレ（カリダマリともいう）に集まり、その日の狩りの打合せを行う。狩りをする場合は昔から暗黙の了解があり、地区によって一定の範囲がカクラ（狩倉）として決められていた。小川地区に隣接する銀鏡地区では、「生活に必要な一切のものをカクラの内から得る」ことを、人々は永年の不文律としてきた。(註8) 他の地区を侵さず、お互いが共に生活を成り立たせていく姿は小川地区でも同様であったと考えられる。

狩りの総指揮はセンドウ（カリギョウジという地区もある）が行う。普通の狩りでは、ヤマフミ（昔はセコといった）が行うこともある。その際、サカムカエの方式で開き方（あほう）を知り、猪のとれる方向を占う。まず、トギリを出してカクラの中に猪がいるかどうかの偵察をする。猪が通ったかどうかを足跡や爪の形から判断する。これをアトミという。猪は、ニタやセミ（水のある湿地でダニを落とす所）やネドコ、あるいは通り道でウジなどからその痕跡が摑めるという。猪が入った所（モトアシ）からも探し出していく。

猪が〇〇カクラにいることがわかると、ヤマフミは猪がどこを通るかやまをかける。逃げ道であるウジは数多くあり、どのウジを通るかを予測することは、ヤマフミの経験が大きく左右する。大石、ケヤキの根など、目印となる位置に狩人をマブシ割りして、配置につかせる。図2のように、猪の位置をもとにマブシと反対の方向から犬を伴ったヤマフミが入ることになる。昔から、マブシに立つ時は細心の注意を払い、「ブトを追うな」「小便するな」「タバコを吸うな」と教えられたという。マブシは、雪の中では寒くて大変であり、シキガワをしていても冷たくて、ちょっと日なたになったところをシシ（猪）に逃げられたこともあった。猪が出て、犬がワンワン吠えだすと緊張して、不思議と小便に行きたくなるとか、寒くて猪を撃ちはずすようなこともあったという。猪は、午後に比べて午前中の方がとれやすく、「暗いところでないととばん」の言葉通り、木々や叢など見通しのききにくい場所を逃げるという。ナベカクラと呼ばれる地域がある。一度このカクラに猪を追い込めば、鍋を用意していても大丈夫というぐらい確実にとれるような場所のことである。

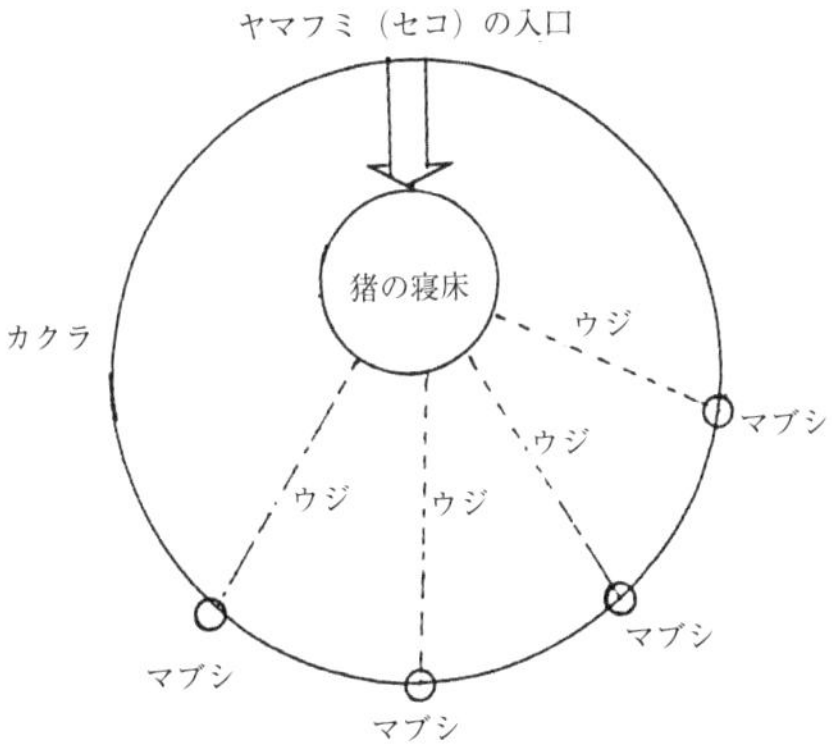

［図2］ヤマフミの入口とヤマフミの配置

こんな運のよいカクラにあたると、帰りも早かったが、猟のない時は遅くなった。時には山中の小岩の下などで泊まることもあった。シシマチは、「山畑を荒らすシシをうつために徹夜してまちうちすることなり(註9)」であり、作物を守るため撃退をめざしたものであった。ニタマチ(夜待ち……夜、ニタバにシラミやダニを背でこすり落としにやってくる猪を待ち伏せる)は、月夜に行くことが多かったが、闇夜でも行った。静かな中でじっと待つため、「夜待ちをするとネコがくる」という話を思い出したりして心細かったという。「夜待ちをする時は何かをこだてにとっておけ」とも教えられた。これは、ヘビが来ることもあるので、大きな枝などを背に置いたり、大木や岩を背にして後ろを固めておけ、油断するなという意味である。昔の人は「ニタマチに行く時には、鉄の玉(普段は鉛の玉)を一発隠し持っておけ」といったものだという。夜の猟には、セコボウズ(カリンボウとかカリコボウともいう)が出るという(註10)。

モマ撃ちに行っていた宮原利男さんは、「頭の上で、木の葉がザワザワし、あっちでもこっちでも動き始め、頭上からウワーッと何かが落ちて来るような気配がして、頭の毛が一本立ちするような目にあった」という。カリコボウズに出会うのは、北向きのじめじめした暗い所で、水が溜まっているような陰気な場所が多い。そんな日は、もう猪狩りどころではない。早々に引揚げたという。

ヤマフミとマブシの合図は、全てタカウソで行い、大きくは三種類で決められている。

一回　ピョー　返事(ＯＫ、ここだ)

二回　ピョーピョー　尋ねる(どこにいるか、位置に着いたか)

三回　ピョーピョーピョー　集まれ

以上のような内容であるが、その他は周りの状況や音、動き等で、タカウソの意味をつかみ、行動する。

ピョー（マブシに着いたか）ピョーピョー（着いたぞう）。ほぼマブシにつき終わったと思う頃、ヤマフミは綱をといて犬を放す。猪があちこちのウジを走り、マブシのいる位置から外れると、ヤマフミはタカウソで犬を呼ぶ。犬が猪を追いだし始めると、あたりがざわついてくる。

猟は「一に犬、二に足、三に鉄砲」といわれ、まず、猪の近くまでいかにせまるかが確実にとるための条件となる。猪が突然目の前に現れた場合はすぐ撃つが、普通は、猪を可能な限り近くまでひき寄せて撃つ。狙う瞬間は、横を向いた時、耳たぶ下一〇センチぐらいを狙って撃つと、コロッといく。自信があれば眉間を狙う。しかし、一〇センチぐらい離れると、かすれるという。自信のない時は、横にふった時、「ドナタ」を狙うと心臓に当たりやすいという。また、ある人は、脇下を狙うと、広いので肺に当たるという。犬が猪を追い込んで、接近して戦っている時、犬も危ないような場合には、ヤマザシで急所（心臓）をさすこともあった。昔から狩人は、「ヤオクは、撃ち止めでないと射るな」といわれ、斜面でウセ玉が土に入り、よそへ抜けない場所（オクドメ＝ヤドメのある場所）でしか撃たなかったという。向こうに狩人がいる危険性のある場所での発砲を恐れたからである。獲物を追うあまり、他を顧みず人の前に出る危険な人々を心配して、小川地区では、二十数年前からこの「イリコミ、イリマブシ」を禁止している。

玉が当たっても射外した場合には、猪は人に向かって来ることがある。せっかく追い込んだ獲物をイリハズシた人は、ヤマフミにこっぴどくしかられた。射外した場合は、その人の名や地名をあてて、○○マブシ、○○ハズシ、○○ウッパズシなどと呼ばれた。射外した猪を犬は執拗に追う。狩人は、猪のスリツケを見て、血がどの高さについているかによって、追ってとれるかどうかを判断する。時によっては、一週間追ったこともあったという。とり外した猪をイカケ（現在はハンヤ）といい、玉に当たって死んだ猪をイカケジジという。

犬に追いつめられた猪をねらいすまして撃ちとると、神への感謝の意味で空に向かって一発空砲を撃つ。これを、「ヤタテを撃ってあげる」という。それから、シッポを切ってヤッキョウの所に差し、「ヘイヘーイ」と大きな卜声（とごえ）をあげる。卜声は「猪が死んだことを確認してからでないとあげるな」と教えられてきた。小川地区では、シッポは自分の所有物であることを決定する証拠物として切るのであり、持ち帰ってとっておき、何頭とったかを振り返る時の自慢の品とした。寝床には二、三頭の猪がいることがあり、一頭をとると、すぐに次を追った。

そのままにしておくと犬が噛むので、手は手、足は足で縛って、一メートル四、五〇センチの高さの木の枝に吊り下げておいた。目印として木の枝を折ってかけておくこともあった。一番目のカクラで終わることもあったが、さらに猪がいる場所や、別のカクラに移動する場合があり、その際には、二番カクラ、三番カクラと呼んだ。一日に最高三番カクラまで行うこともあったという。

㈣　運び出しからさばきまで

とれた猪は、決められた家まで運び、解体する。しかし、大きな猪で運ぶことが難しく、山中で近くに水場がある場合には、そこで行うこともあった。昔は、道も抜けてなく、急傾斜の狭いところを運ぶのはとても苦労したという。

運び出しには、ずらせる方法と担ぐ方法があった。シバウマ（シバグルマ）は、径二、三センチぐらいの太さのカシやシイの木の枝数本の先端を合わせて縛り、枝と葉の部分を箒か箕状に作り、その上に猪の頭を先にして横向きに寝かせ、ヒモやカズラをかけて「ヨイショ、ヨイショ」と、何人かで引いた。担ぐ方法には、一人背負いと数人で背負う場合があった。

一人背負い（かるう）の時は、まず、猪の右手と右足、左手と左足を縛る。背負う人はその間に手を入れ、猪の頭を右か左に寄せて、赤ちゃんをおんぶするような格好で背負う（図3）。坂を登る時など、前からカズラで引っ張り、後ろから背を押しあげ、途中何人かが交替しないときつかったという。

時には一二〇キロから一三〇キロぐらいの大物がとれた。そんな大物の時には、猪の手は手、足は足で縛り、鼻づらをヒモで縛って手の方に寄せて固定し、中に木の棒を通して猪を仰向けにして担いだ（図4）。前に一人、後ろに一人で担げない時には、前後に二人ずつ入ってやっと担ぐこともあった。道がやや広い所では、前と後ろに横木を入れ、さらに大人数で担ぐこともあった（図5）。

［図4］カタゲサス1

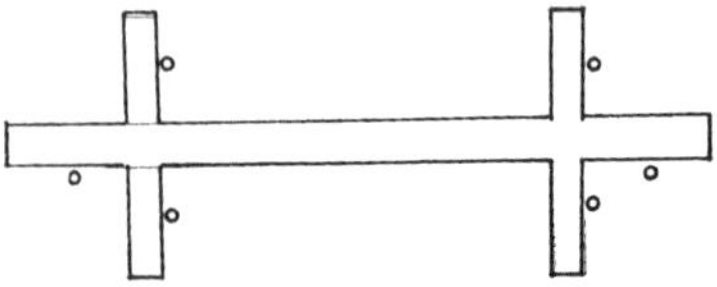

［図5］カタゲサス2

［図3］猪を背負う

これらの棒のことをカタゲサスといった。運びだしの方法は、多分に猪の大きさや地形によって左右された。

　さばき方は、まず、毛焼きから始まる。湯のみ茶碗大で二メートルぐらいの生のカシの木二本を高さ一メートルほどの土手にわたし、一方をマタ木で支え、下から竹を燃やす、竹は火が燃え上がり、毛を焼くのに程よいこと、また、生カシは強くて燃えにくいからである。その上に猪を乗せ、焼けた毛を竹のヘラでこさぐ、猪が転げないように、ヤマガラシで鼻に穴を開け、カギンチョ（ハナギ、ハナグリトオシともいう）を鼻に差し込んでおく。毛が根元まで焼けると、頭の方はカギンチョで、一方は足を握って要領よくひっくり返す。毛を焼いたあと、洗い場へ運ぶ。さばくのは、長老の慣れた人である。二十〜三十頭ぐらいさばいてみないと、順序や要領が飲み込めないという。腹を断ち割ると肉がよごれるので、へたな人には遠慮してもらう。さばき方には、カナヤマオロシとホンオロシ（モトオロシ）があったとされているが[註11]、聞き取りの際には、ホンオロシのみを聞くことができた。その順序は次の通りである。

〔例1〕

① のどから、腹を割く（シバ、またはマナイタ上でさばく）。
② 内臓を出す。
③ 頭を切り離す。
④ 手足の先を切り捨てる。
⑤ 背骨に沿って背から切り、裏返してアバラ（肋骨）をはずし、肉だけをとる。
⑥ 手足、肩胛骨をはずして肉をとる。
⑦ 骨、頭の皮・肉をはずす。

〔例2〕

① のどから、腹を割く。
② 内臓をだす。
③ 首を頸から丸く切る。
④ 背中を皮だけ切り、左右に剝ぐ。
⑤ 裏返し、手足のつけ根から皮を剝ぐ（手足の皮は、切り離した後に剝ぐ）。

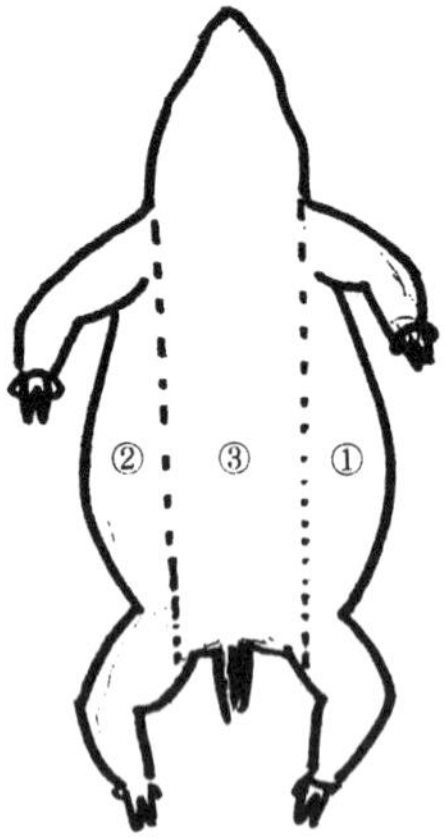

［図6］
三部分に切り離す

⑥　図6のように、左、中、右の三部分に切り離す。腕から足の線に沿って切り離し、切り離した手足を一方に重ねて同様に切る。

⑦　骨と肉、皮をはずし、骨だけにする。

内臓（ワタ）は、メンパに入れ、肉はショケに入れる。心臓はマル、胆をクロフクという。心臓の三分の一ぐらいを切り、七つに切って串に差し、さばいた場所でナナトコマツリ（ナナキレマツリ、コウザケマツリ）をして、神様にあげた。残りのワタは焼いて年長者から食べる。参加者が多い時は少しだけでも山の神の恵みとして分けあって食べる。最上の肉は、首から肩までのクルマゴといわれる部分と背骨の脇の部分である。肉はカズラやシュロの葉などを通したキヅクリにして提げ、持ち帰った。

猪の頭は、十二月十五日、小川の米良神社で行われる神楽の日に、三宝にのせて祭壇に供えられた。「今年もシシのビンタがあがった」といって、人々は恵みに感謝したという。

頭がい骨は割って食べれる部分は汁に入れて食べ、シタアゴやキバは水炊きしたあときれいにして、家の鴨居の上に懸け、自慢とした。鼻の部分は干して乾燥させておき、マムシに噛まれた時、その箇所に擦りつけると痛みどめになった。鼻は削って煎じて飲むと毒がとれるという。また、心臓は乾燥させてとっておき、腹痛の時に削って焼酎につけて飲むと効用があるという。

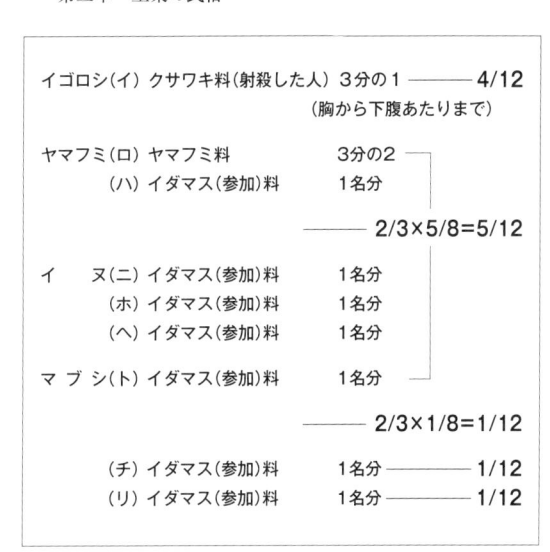

「猪は、皮身を食べないと食べた気がしない」といわれ、皮をつけた肉を食べるのがおいしい食

べ方であった。百キロの猪で二～二寸五分の厚さの皮身があったが、特に寒ジシは肉がやわらかくなり、トーフを食べるようだったという。猪の皮は、用途としてはあまりなかったが、戦時中は、靴用にも供出されたことがあるという。

このように、さばかれた猪はほとんど捨てる部分がないほどに、みごとに処理された。

イゴロシ（イ）	クサワキ料（射殺した人）（胸から下腹あたりまで）	3分の1	4/12
ヤマフミ（ロ）	ヤマフミ料	3分の2	2/3×5/8=5/12
（ハ）	イダマス（参加）料	1名分	
イ　ヌ（ニ）	イダマス（参加）料	1名分	
（ホ）	イダマス（参加）料	1名分	
（ヘ）	イダマス（参加）料	1名分	
マ ブ シ（ト）	イダマス（参加）料	1名分	
			2/3×1/8=1/12
（チ）	イダマス（参加）料	1名分	1/12
（リ）	イダマス（参加）料	1名分	1/12

［図７］分配の仕方

㈤　分配

以前の猟には多くの狩人が参加し、分け前もそう多くはなかった。従って、その分配の方法にもきちんとした約束事が守られていた。現在は、一組(ひと)の参加者もそう多くなく、また、分け前も均等割りをするようになって、趣味としての猟が定着してきている。旧来の分配法について、仮にヤマフミ一名、犬三頭、マブシ三名の仲間が猟を行ったとした場合、どんな分配の仕方になるかを記したい（図7）。

全体からみると、イゴロシ三分の一、ヤマフミ十二分の五、マブシ一人分十二分の一となる。

［図8］主に猪猟に関連する狩詞

猟具

ヒナワジュウ
ムラタジュウ
ヒナワ
イガタ
イナベ
タマツクリ
カヤクイレ
ナマリダマ
エンシュウウイレ
ヒダネイレ
タマイレ
タマガラ
ダンタイ
ヒトツダゴ
フタツダゴ
エンショウ
サンダン
テツノキリダゴ
ダンタイ
ヤマガラシ
マサザシ
タカウソ
オコゼ（海山川）

装束

ズサンボウ
ジュバン
ハカマ
モモヒキ
パッチ
タチアゲ
ケハン
アワタビ
ワラジ
スゲテゴ
ヒモ（アサオ）

狩り場名称

ニタ
ガラニタ
ウジ
セミ
シグレ（シゴレ）
モッコク
ヤゼハラ
ドザレ
ヒラミザコ
ホウバ
スキヤマ
ツチダキ
クネ
マブ
ヨコタビラ
クモウケ
クザウダヒラ
ズリ
シリナシオ
オダトコ
カモ
マブシ（イ）
タデ
オタケ
オバネ
タオ
ヒキ
シナトコ
サエ
コウマ
シゴレ
シシマチ
アナ
カクラ
ソトカクラ
モトヤマ
オクドメ
ヤドメ
スリツケ

狩り法

ヤクメガリ
ニエガリ
モヤイガリ
スハノカリ
オシツケガリ
ヤマギヨメガリ
コウザキガリ
ヒトリガリ
フタリガリ
ナカマガリ
ニタマチ
シシマチ

ワナ猟

ヤマリョウ
ヤマ（ワナ）
シシヤマ
シシワナ
チンマラ
グシ
ケイト
ナグレガリ

分担・行動

ギョウジ
センドウ
ギョウジドン
カリギョウジ
カリギモイリ
セコ
ヤマフミ
ナカイリ
モトカタ
マブシ
イリコミ

イリマブシ
イリハズシ
タモライ
トギリ
トギリマワシ
アトミ
コモル（猪の行動）
イリコモル（猪の行動）
ミチゴシ（猪の行動）
フミコミ（猪の行動）
ヒキミチ（猪の行動）
イドモ（猪の行動）
ツキイ（猪の行動）
スケル
マチイ
オコス
オイザキ
オイナキ
ホエニハ
タテニハ
ヌル
ツナグ
ヤタテ
トゴエ
ソメキ
ソメシバ
ツマユイ
シバウマ
シバグルマ
イカケジシ
タズル
コガミ
カタゲサス
オタドコ（調理場）
オタギ

分配・名称

イダマス
イケダマス
セコダマス
クサワキ
ホンオロシ
カナヤマオロシ
マナイタオロシ
クルマゴ
イテノキレ
シカタ
オチアイカリンドグシ
ソジシ
ヤドグシ
イヌノマエ
キンツクリ
ユ
アブ
マル
クロフク
アカフク
ジューズ
ワクジル
センピロワタ
ワタ
ミズスクヒ
セキ
ソージ
ギョージボネ
メシガイボネ
カマ
シタアギ
ウワアギ
キバ
タツワ
ミミノオ

信仰・その他

コウザケ
ジュウマツリ
カクラマツリ
コウザケマツリ
ナナキレマツリ
イヌコウザケ
リョーギネン
シバオコシ
シシバマツリ
タナマツリ
サンダイ・クダイ
インドワタシ
ホロボニチ
ヘンプニチ
ヘンプニチモドシ
ツツマジナイ
クロフジョウ
アカフジョウ
カケグリ
カリコボ
ヒョウスンボ

この表は、下記の刊行本及び聞き取りを参考にして作成した。

・柳田國男『後狩詞記』筑摩書房
・椎葉村教育委員会『抄訳後狩詞記』
・文化庁文化財保護部『狩猟習俗Ⅱ』文化庁無形の民俗文化財記録二三
・宮崎県立本庄高等学校郷土部『西米良村史資料』
・河野　開『郷土誌東米良』郷土誌東米良へんさん委員会
・西米良村小川地区での聞き取り

なお、各著書には、詞の意味や説明がなされている。

現在、次のような分配の仕方をとっている狩り組もある。
クルマゴ　犬の分を入れずに、人数分で均等割りにする。
背骨の脇肉　犬の分を入れて均等割りする。
ワタ・肉・骨　良い肉、悪い肉、骨、ワタを平等に分ける。犬も一人前もらう。
皮やワタについては、いらない人もあり、希望者だけで分けることがある。

おわりに

「私たちは先祖代々、与えられたカクラの中で、くらしのすべてをまかなう生き方を続けてきた」とある古老は語った。その土地に一生を託す時、範囲下の地勢、樹相、生息動物、植物を頭に入れることは、必須の条件であった。四季の生業暦は、長い年月の中で次第に洗練され、信仰や衣食住、社会生活等を組み込んで、より確かなものとなった。山の恵みとしての狩りの獲物も常に眼中にあり、範囲を限った集団的な狩りは、人々の結束を必要とし、神への畏敬のもと、統一した考え方や行動が求められてきた。

明治三十一年、小川上三財の「獅子場狩組前順番帳」には、十二戸全戸が狩場へ漏れなく参加するよう規約が記されている。狩りの前日、宿となった家に神主を雇い、「神へ申込み御依頼を取り闘うものとす」として、豊猟安全祈願をおこなっている。神納物には、「熊本県球磨郡産焼酎参盃半」「小紙三拾枚」「花稲三合三勺三方」「布施五銭」「猟燭一本」が供えられ、その費用は、全員の均等割りとなっている。(註12) また、年月日未詳であるが、米良で発見された「山猟作法書」には「矢沙汰之事」として、射とめた時のとり分を記し、その他、山の神への安全祈願の祭事、狩犬供養、コウザキマツリ等についての記述が見られる。(註13)

本稿では、聞き取ったことをできるだけ狩猟の工程に沿って記し、その姿が想起できるように試みた。他の地域についての比較をしていないため、特色をあげることはできないが、それぞれの方の研究の比較資料として御活用いただければ幸いである。本テーマに関して思ったことは、次のようなことである。

① 猟の対象としては、江戸時代には、鹿、羚羊、熊などがみられるが、明治時代の記録では、猪、鹿が多くなり、昭和時代の戦後には、モマ、テン、イタチなど毛皮目的の小獣も多くとられるようになってきている。ウサギやタヌキ等は、積極的には行われていなかったと思われ、時代により、力を傾けた獲物にも変化が見られる。

② 猟の方法として、罠猟と銃によるものがあったが、比較的早くから銃が使用され、明治時代以降は銃による猟が大勢となってきた。猟の目的や範囲によって参加の人数も異なり、以前は大規模なナカマガリも行われたが、近年では気の合う小グループによる猟がなされるようになってきている。

③ 現在でも、玉造りからさばき方までの工程を経験し、旧来の伝承に基づいた知識によって順序通りに進めることのできる人はおられる。しかし、古来からの狩り装束を着用して狩りに参加し

た人はほとんどおられなくなり、現実的にも旧来の狩法の実施はできない現状にある。

④　さばきの手順や分配の仕方には、旧来から伝えられてきた方法が残されている。手際よくかつ無駄のない処理の方法や、参加者の心理に配慮し、公平な分配のための合理的な伝統がこれまできちんと守られてきた。

⑤　狩猟を行う範囲の地形や地名には、旧来の狩法にちなんだ名や猟人の長い経験によって得た呼び方がつけられており、それらをまとめてみることにより、かつての猟の舞台を想起することができる。

現在、生活様式の変化が進み、また、車・無線の利用や銃・用具の進歩により、新しい狩猟のスタイルが定着しつつある。狩猟になじんできた経験者が高齢化し、旧来の規約も現実に即したものに形をかえようとしている。しかし、狩を通して生きてきた人々の山や神に対する畏敬と感謝の念は心深く残り、多くの習俗や活動に今も生き続けている。これからも変化し、消滅していくであろうふるさとの価値ある伝承の姿を何らかの方法で記録し、残していくことが必要であると考える。

本稿の聞き取りは、平成三年四月二十六日、浜砂信明氏、平成三年七月二十日、中武一郎氏、平成五年七月十七日、宮原利男、竹中長、上米良哲、佐伯正直、中武一郎の各氏から御教示いただいたことをまとめたものである。特に、平成五年七月十七日の聞き取りは天野武帝京大学教授の調査に同行した時の内容であり、天野教授の御了解を得て記させていただいた。お話しいただいた皆様、及び天野武教授に対して心から感謝を申し上げます。

附　銀鏡の猟名人　西森　蔚鋭（まさとし）氏

九州山地中央部東米良には、現在も伝統的な狩猟精神と猟法を受け継ぐ猟人がいる。その中から、銀鏡地区で猟を営んできた西森さんを紹介する。

※　※

戦前は各家庭に猟銃があった。猪は焼畑に出没し作物に被害を与えた。また、蛋白質をとる大事な栄養源であった。戦後鉄砲は回収されたが、信頼できる人に鉄砲が配布された。その後鉄砲が安価で購入できるようになってから、猟をする人が三十人以上になってきた。現在は銀鏡に一人、上揚に四人、その他で十一人に減った。

西森さんは十九歳から猟を始めた。六枚観察で、五、六人ぐらいいるが、その中の一人は観察という役で、獲物も一人前しか与えられなかった。「マブシに行っとけ」と言われて、早くから山に入っていた。最初は、獲物をとり外すと、「○○イ」と呼ばれ、外した人の名がつけられた。マブシは必ず猪の通る所であるため、外したら名をつけられた。殿様マブシは必ずとれるマブシのことで、龍房山の下にある。経験のある人を内マブシを近くに、外マブシが遠くにあった。餌を食べながら通る道と犬に追われて通る道は異なった。必死で逃げる猪は一直線で最も近い道を駆け下り駆け上った。追われた猪は、マブシによく出る。昔は、自分たちのカクラを持っていた。猟師の誘いがある時には、一緒に猟をすることがあった。

セコは早めに歩いて行って、マブシを割り付ける。「七人狩人に仇なし」といわれ、この人数だと確実にとれるとされてきた。七コウザケも七つである。大事なのは、セコによる配置である。昔は前日またはその朝に、跡見に出かけた。足跡の状況を読む。昨夜の足跡か一週間前の足跡かを見分ける。何頭か、同じ猪かも見る。足跡の大きさで何貫ほどの猪かが分かる。食い物がある場所がある所には、猪が来る。カシやシイ、あるいはヤマイモなどを食べている猪は味もいい。ドングリも食べている。最近ではタケノコや稲も荒らされる。ヒエ、アワ、ソバも荒らされて迷惑する。田でも畑でも入ってくるし、ソバ畑では、食べたあとゴロゴロ転げて回る。タケノコも、メスだけ食べてオスは食べない。

戦前はコバ作として夏秋にコバ焼きを行いソバ、ヒエ、アワを作っていた。夏コバでは古着を下げたり、夜に線路の鉄片をたたいたりした。収穫前の夜には、火を一晩中たいて暖をとりながら、石油缶をカンカンカンカンとたたいた。獣が出るのは、午後八時ころから夜明けまでである。こちらからカンカンカンとたたくと、向かいの山からカンカンカン、横の山からもたたく音が聞こえた。コバサクの夜は、夜通しその音は聞こえ、猪の害を防ごうとした。金物を幾つも下げたり、一斗缶を細工して鳴子状にし、ひもを引っ張って音を鳴らした。

猪はわなをかけてもかからないし、脅してもなかなか逃げなかった。セコは夜のうちに動いた猪の足跡を見て、翌日のマブシの配置を考えた。シシの寝屋を猟師は知っていた。寝屋は岩の下とかちょっとした窪とか雨しのぎができて逃げやすい場所にある。昼は寝て、夜に行動する。猪はカヤ切り場や植林の野にいる。カヤ切り場にカヤを集め、子を産むことが多い。高さが五〇センチ、幅一メートルほどの空間を作る。これを、「カモを切る」という。道からちょっと入った所で、逃げ場のある安全な所にある。ニタは水がたまっていて、猪や鹿など多くの獣が水飲みに集まってくる。そこには化け猫も来るといい、猟師の撃った玉も平気で除ける。玉がなくなったのをみて襲いかかろうとする化け猫を、隠し玉で射止めた猟師の話もあり、水藻がどろどろして、気持ちのいい場所ではない。セミは体をこすって虫などを落とす斜面の場である。体をこする獣が多いと土が削られ、昼には赤い土が浮き出しており、猪の来た跡を知る手がかりとなる。猪の食い跡やあせり具合や足跡の数から、判断することも多い。交尾の季節には、山の猪が集まることがある。春先の11月ころである。昔は、セコは一人だった。今はセコがほとんど犬を連れて行く。山の表かコバサクの夜は、表からと裏から入れるからである。現在はさらにセコが増えた。

銃も、単発、村田銃、二連発から三連発になった。玉も黒い火薬となり、音も煙も大きくなった。狩り感も大事である。じっとだまって猪が来るのに集中し、犬の声や笛の音をじっと聞いている。いつ来るか分からない緊張で構えていないと猪はとれない。火をたくと猪は来ない。待つ間の猟師感が、一瞬に生きる。

若いころには、オニエ狩りをしていた。銀鏡神社大祭の一週間前に猟に出かけ、銀鏡・上揚の人々がグループを組んで獲物を追った。神社の御神屋に献せん者に自分の名が下げられると、誇らしくなった。小さい猪だと恥ずかしいので、大きなものを供えるように努めた。

猪の頭の切り方にも注意を要した。クルマゴと呼ばれる首の辺りの肉は、アズキ粒ぐらいの丸い脂肪が入っていて肉も軟らかくうまい。日ごろは猟師しか食べることができない最上の肉である。頭の切り方も、肉を残し形よく供えることができるよう工夫を要した。耳の端からヤマガラシで幾つ目まで、シッポを三角に折り曲げた部分が犬の部分などのルールがあった。分け前はタマスという、イダマス、セオイダマス（背負いダマス）など分配のルールもあった。狩猟前後には、第一コウザキに揃って、安全と豊猟の祈願祭をする。その時に翌日の相談をする。

一人狩りの場合は、犬の後先をみながら行動する。勘のいい犬と追跡のいいなき犬と猪を止めてたてるたて犬、あるいはかみ犬もいる。足の速い犬もいいが、鼻の利く犬はあまり鳴かず、動きが他の犬と行動を同じにしないのであてにならない。育てる時にエサをあげると鼻を高くする犬は、猪を逃がす場合が多い。姿を見失った場合、鼻の低い犬は、通ったあとをつかんで猪をみつける。二〇貫目もある猪ウジを通りながら、いい犬は寝屋の近くで猪の様子をうかがいながら、逃がさないようにして主人の来るのを待ち、主人が来ると吠えて猪を追い出す。犬が主人の呼吸を感じ取って動く。有能である。猪は犬を追い飛ばせておき、後ろ足をかばいながら、石や壁を背にする。射かけジシは、人に向かってくる。牡猪は牙をたてて向かってくる。

傷を負った猪に遭遇したことがある。イヌがシシに吠えかかるのを見てシシを刺そうとして近づいた。シシが向かって来たので枝に飛び上がった。再び枝から下りて刺そうとしたらまた向かってきた。そうして、三回枝にぶらさがったあと仕留めたことがある。父と猟に出た時、「さがっとれ」

と大声で叫んだ父の言葉を記憶している。

猟師は、犬を育てる時に犬の習性をよくみている。そして、良さをもつ犬を交配して望む性質の犬をつくりだし、育てていく。よい犬に育てるには、雑種の犬がよいような気がする。猪を追う時、セコは猪が犬マブシからどれくらいの距離を保ちながら走っているかを判断し、動きを変える。「猟はやっぱり犬ですよ」と、西森さんは語る。鼻が利き、ほえながら長く追跡をできる、かみつくなどの力を備えていることがよい猟犬の特徴である。猪がビーッと鳴いたら、観念・降伏の合図であり犬は勢いづく。「ビービー」は小猪、「ビーーッビーーッ」は参ったの声、「ブーブー」は大きい猪で格闘し歯ぎしりをする猪と、猟師は鳴き声で猪の状態を見分ける。

マブシ割りをしている所を、猪は必ず通る。猪の逃げるコースはほぼ分かっている。「どこを通ったから、あのマブシに行け」と指示するには、山ひだの一つ一つを頭に入れておくことである。西森さんは犬を連れて山という山をくまなく歩き、地形や坂の上り下り、目印の大木や森の茂り具合を記憶してしまった。

マブシにいると山が深いので、他の人の動きが分からずセコと一日あわないこともあった。お互いの行動は、タカウソで全ての合図をしていた。朝の話し合いで、それを確認した。昭和三十八年ころまでは、タカウソを使っていた。

ピー　　　　　「ここにいるぞう」

ピーー　ピーー　「こっちへ来い」

ピーーーーー　「ここにはおらん」「移動するぞうー」

というカクラにおける笛の約束があった。

「犬はタカバナをカザム」といい、風を判断する。朝の風と午後の風は違う。午前中は風があまり、吹かない。下から上へ上がることもある。新しい猪の香りを感じ取ってみつける。三時から四時は下へ向けてオロシ風が吹く。「三時過ぎのシシは、登りジシが多い」。尾根や山の上にいる猪は、上に逃げ込んでとれなくなる場合がある。猪は長く追われて、体を冷やしに川に下りる。そこを仕留める。「キノエの子丑寅卯の時は逆巡り」といわれる。「オイザキのシシは宵のうちに戻る」といわれ、一日で縄張りである元のクイカグラに帰ってくる習性を猟師は知っていた。

グループの年間最多捕獲数は、八二頭である。四十二歳のころである。十月十五日から三月十五日までの間で三日に二頭という驚くほどの確率であった。仕留めると、「ヘイヘーイ」と声が聞こえ、鉄砲の音がパーンとした。カレンダーに、○や◎が毎日ついた。「家族に産気人がある時は多く、その足跡で何貫ほどのもの（猪）が授かる」といわれる。猟師の身内に妊娠の人があった時のことである。「そんな時は、シシがとび込んでくる」と感ずるほど次々に猪がとれた。「妊婦の人が行くと、シシが起きあがる」ともいわれる。妊婦と豊猟の関係の伝承は、今も人々の間に生きている。

シシは近くにいても音がしない。パチッ、パチッと木の枝を踏んだ音がする。その音でシシかシカかが分かる。猟師は見つけた足跡で、何貫ほどの物かを見分ける。「シシは一夜にしてモトカクラに戻る」という。エサをとるいつもの縄張りの所に戻る習性がある。寝屋で起こして、猪が飛び出す時には岩が転げるのと変わらない。ドドドドドッと地響きがする。岩を転がすような音がする。シシは背中をかばって、後ろを守れる場所に行く。

梅の木谷の田んぼの上でとった猪は牛の子ほどの大きさで、四〇貫ほどもある大猪だった。とんで行く時、パーッとものすごい音がしたので一発撃った。犬も追わなかった。あまりそばに寄りつくのもいけないと思いながら、どこかこの辺りにセミがあったはずと思って先を見ると、鼻が見えた。じーっと目を離さずに銃を構え、二連銃を発射したらパタッと倒れた。近くにいた犬がパーッと行った。すると、猪は起きあがって犬をガツッと押さえた。いかんと思っていたら、じーっと倒れかかった。犬がワーッと行ったら、また起きあがった。二回目に犬がとびついたら、くにゃーっとなってゴロゴロゴロゴロ落ちていった。近くに寄ってみたが、全く動かない。そこで、みんなを呼んで引き上げた。「こんな猪は見たことがない」といって、みんなに来い来いと言って分けてやった。その後にとった猪も大きかった。川ジシ（川に下りた猪）だというので、駈けていった。午前二時ころだった。八〇キロもあった。昔の猪は尻が肥えていた。今は細くなっている。よそから入って来た猪は、白い毛が混じっている。

時には、毛が深く山の主のように大きい牛のようなシシに出くわすことがある。それに泥をつけてニタズリをするので、肩はガバガバになりよろいのような体つきをしている。大物のシシに出くわした時のことを鮮明に覚えている。小川の神社の谷の上に大きなニタがある。仲間とマブシを交替した時に、近くには牛がふんをしたような塊があった。その足跡を見た時、これは牛ぐらいのシシだと直感した。その後の冬の頃だった。「このマブシにおってくれ」と頼まれた。沢の所のツガ（栂）の木の株の所にまたがってぬくだまりをしていたら、パチッという音がする。気をつけていると、右の方からシシが五、六頭来た。撃とうとしたら、下の方でパチッと音がした。見てみると、毛の深いシシだった。「これか」と思った。以前に大きなシシを撃った時しくじって、まっ肩を撃ったら毛だけが落ちていて、もっと下を撃てばよかったと思ったことがある。それで、今度こそとドンとねらって撃ったら、あごをズーッと上げて倒れ、ツバキの根の所に二メートルの高さに大きなシシがひっくり返った。「やったぞ」と思ったら、また次のシシが来たので上からドンッとやったら逃げていった。それも、仲間があとでとってきた。

とったと思ったシシは大きかったぞと思って走ってとんで下りてみると、いない。あごまでみせてひっくり返ったシシがいなくなっていた。シシはニタズリをして泥をつけるが、乳の高さまであった。こんなのは今まで見たことがなかった。古穴手の方までそれは逃げていった。ツキジシでぞろぞろやってきて、犬が追跡していれば逃げる道も分かったのだが、犬をまだ入れてない時だった。そのシシを撃ってからは、もう出なくなった。

シシは、「まっ肩を撃てば確実に心臓に届く」という。横から見て、まっすぐに肩を撃てということである。メシゲ骨（肩の部分）を撃てば間違いない。撃たれたシシは、水を飲みに行って倒れ、命を落とすことが多い。一度に二、三頭いることがある。「ツキジシ（発情期の猪）はなんぼでも来る」という。この時期、猪は集団で行動し交尾する。群れてくるシシで、シダがどこもざわする。群れが二つ来ることもある。鉄砲で撃っても逃げようとしない。一度に何頭も獲れることがある。そんな時は、木の枝につるすこともある。仕留めたシシをそのままにして次のシシを追うと、犬に食われるからである。

一度に四、五頭のシシをとったこともある。とびあがりのシシをドンッと撃ったら、土手から落ちて来ないので駄目かと思い、向こうを行くのをボゴンボゴンッと撃った。下の方には一頭とっているし、それを追いかけて行ってみると、「ビーッ」とシシがないている。背骨に玉が当たっていた。もう一頭が「ビーッ」となくので走って行ってみると、大きなシシに当たっていた。脊髄に当たっていた。次を追ってまた一頭とって袈裟の谷で卒（しとめた）。数日後に最初撃ったのを思い出し、どうも落ち着かないので出て行ったら、犬がウーッとうなり始めた。「よっしゃ」と思って構えた。犬が寄っていったが静かなので近づいてみると、シシは絶命していた。

時には思わぬこともある。犬がとんで出たから走り上がって行き、この方向だと思って見たら木がゆれるので、「行け行け行け」と犬に指示した。ソソソと犬が行ったら、パッとシシが出てきた。ドンッと撃った。さらに二発撃ったが、これが倒れないのでまた撃った。玉を詰め替えていると、下の方の木がゆれた。「行けー」と言ったら、犬がとんでいった。しばらくじーっとみていたが犬は動かなくなった。犬はシシを追わずに、とったシシの方へ近づいていた。

上の方を見て撃つ方が、獲物によくあたる。「上りジシは当たる」ともいう。下から見た方が、山を透かしてシシがよく見えるからである。セコをした人の経験から言えることである。

ヒヤッとして命拾いした経験もある。体の上を大きなものが、体を踏まずに通っていったという怖い体験である。「この下の平を通ってみよ」「シシは必ずこのマブシを通り、下に来るから」と言われた。そこへ向かおうと鉄砲を持って行こうとしたら、ノザレ（斜面）で体がズルズルズル落ちていった。「止まらないかんが、止まらないかんが」と思いつつ、下の方の木の株の所でピタッと止まった瞬間、腹の上をシシがビュッと通った。その姿勢のままで鉄砲を撃ったが当たらなかった。シシは木が倒れていると思ったのか駆け抜けていった。「これは、……」と、今思い出しても冷や汗が出る。

近くの畑で、シシがとび抜けたあとには土にぬくもりが残っていた。湯気を立ててパーッと逃げていった。近くの人は、田んぼに出たシシに直面したことがある。石も棒切れも持たなかった。正面から飛び込んできた一瞬、石垣の角にぶら下がった。シシはそのまま空を切って、川へ落ちていった。突進するシシのすさまじさが分かる。

シシの運搬は、二人で担ぐ。前の人は鼻をくくって引っ張り、後ろの人は後ろ足をくびって綱をつけてかじ取りをして運ぶ。背を地につけて引っ張って下る。一人の場合は、縦かるいをする。解体の時、心臓をナナコウザキにあげる。雌シシは死んだ時に舌の方向をみる。右に舌をかみだしている方が次の猟ではよくとれる。雄は左にかみだしていると、次によくとれる。串にさしたナナキレの心臓が早くなくなる時は、次には早くとれる。串はそのままで動かないが、肉だけがなくなる。

肉が少しずつなくなる時は獲物が小さい。時には、串を犬がかみ折ると、犬がけがをするともいわれる。不思議なようだが、よく当たるので狩人はこれを信じている。カクラマツリは、猟師が鉄砲を撃って祭る。一神社・山の神、二登り内、三山のとたけのお、四祇園様、五犬コウザキ、六とどろの元、七さぎのす、である。

猟では、地形や伐採した場所によってシシの逃げ場が変わる。現在は、セコ長がそれを指示する。セコの指示が大きな力となってきた。

狩人は、猟の朝は気持ちよく出ることである。悪いことは言わない。弁当には、梅を入れない。「素戻り」になるからである。禁忌の言葉もある。マブシにいる時は、獲物に集中する。セコは今どこを来ているか、辛抱強く、シシが必ず来ると考えて構えていることである。ダニをとったり、山のものをとったりして油断していると、シシは駆け抜けて失敗する。「犬は来たがシシは来なかった」と言って、失笑を買うことにもなる。夜は犬が動かないので行かない。シシの方が強いからである。（ふるさとを語る〜西都に生きた人々のくらし〜　所収　平成30年3月刊）

註1　平部嶠南『日向地誌』七〇七　日向地誌刊行会　昭和四年（一九二九）

註2　県内の狩猟習俗に関する著書の一部を記します。

○柳田國男「後狩詞記」明治四十二年（一九〇九）（筑摩書房）『定本柳田國男全集』二七所収

○千葉徳爾『狩猟伝承研究』（風間書房）昭和四十四年（一九六九）

○『宮崎県史』資料編民俗1　宮崎県　平成四年（一九九二）（ぎょうせい）
○文化庁文化財保護部「狩猟習俗Ⅱ」『無形の民俗文化財記録　二三』文化庁　昭和五十三年（一九七八）
○田中熊雄『続宮崎県庶民生活誌』日向民俗学会　昭和六十三年（一九八八）
○河野　開「狩猟（上揚版）」『郷土誌東米良』東米良郷土誌へんさん委員会　平成元年（一九八九）
○山口保明「日向の狩猟とその伝承」『宮崎県地方史研究紀要』一四　宮崎県立図書館　昭和六十二年（一九八七）
○本庄高等学校郷土部『西米良村資料』（愛文社）昭和三十六年（一九六一）
○須藤　功『山の標的』（未来社）平成三年（一九九一）
○椎葉村教育委員会『抄本「後狩詞記」』椎葉村　平成五年（一九九三）
○日向民俗学会「狩猟習俗」『日向民俗』第1号　昭和三十年（一九五五）
○西米良村教育委員会『西米良村史』西米良村　昭和四十八年（一九七三）
○平部嶠南『日向地誌』日向地誌刊行会　昭和四年（一九二九）
○宮崎県総合博物館『日向の山村生産用具』資料編3　平成四年（一九九二）
○宮崎県総合博物館『日向山村のくらしと照葉樹林文化』昭和六十二年（一九八七）
○日本観光文化研究所『「米良山」調査ノート』昭和五十九年（一九八四）
○日本観光文化研究所『あるくみるきく』三五号　昭和四十五年（一九七〇）
○日本観光文化研究所『あるくみるきく』二〇〇号　昭和五十八年（一九八三）

註3　本庄高等学校郷土部『西米良村史資料』（愛文社）昭和三十六年（一九六一）
米良村の産物取高を御勘定所へ提出した資料である。

註4　千葉徳爾『狩猟伝承研究』（風間書房）昭和四十四年（一九六九）

註5　宮崎県総合博物館『日向の山村生産用具』資料編3（狩猟用具一五六頁）平成四年（一九九二）
註6　同　上（一六四頁）
註7　同　上（一六八頁）
註8　西都市銀鏡地区　浜砂正信氏の話による。
註9　本庄高等学校郷土部『西米良村史資料』（愛文社）昭和三十六年（一九六一）
註10　カリコボーズについての二、三の紹介例を記す。

○宮崎県総合博物館『日向山村のくらしと照葉樹林文化』

東北地方には、小人の妖怪「座敷わらし」がいるという。それと同じような小人妖怪が米良地方に棲んでいて、カリコボー（カリコボウズともいう）と呼ばれている。

この妖怪は人前に姿を現さないので、はっきりした姿かたちは判らない。ただ、見たという人は子どもくらいの大きさだったという。西米良村教育長佐伯正直氏の話によると、「カリコボーは、いたずら好きで人を驚かす程度で、危害を加えることはない。ふつうには、〔ホイ・ホイ〕と澄みきった声で鳴くが、時には人の話し声や木を倒す音、ガケ崩れの音、鉄砲の音などを真似する。カリコボーがまねた鉄砲の音は、谷間に響かないのですぐ判る」という。（中略）西米良村の隣り村椎葉村には「ホイホイドン」が棲んでいる。姿はわからないが、山間や尾根を越えて瞬時に移動するのはカリコボーと似ている。

○本庄高等学校郷土部『西米良村史資料』

カリコボ　山の怪物。声のみして姿をみしもの未だあらず、「ホイホイホイ」と狩のセコのごとく声をいだすなり。もし、このものをそしり、またその通る峯すぢに山小屋をあやまりて建つる事あれば、木を仆し、岩をくやす音、轟きわたり、また、山小屋をゆする事甚だ恐るべきものありという。十月、十一月の頃、川より山に入る。また日にしては、夕頃川より山に声をいだしつつ入り、暁、山より川に入ること顕著なりといふ。即ち、河童の山に入りて～となるならんと。法師の語に日に「海にありて龍神、川にありては山神と、即ち、みな本体は一にしてその在る所にまかせて変幻自在をうるなりと。セコ、セココ、カリコボーズともいふ。

○須藤功『日本人の生活』一二「神々との遊び」

カリコボウズというのは人間の目には見えない鳥のようなもので、そのカリコボウズがおらぶと異変が起きるという。おらぶは叫ぶということである。だが、ただ単に叫ぶという意味だけではなく、そこには「ものいう口」に似た不思議さも多分に含まれている。

註11　西米良村教育委員会『西米良村史』西米良村　昭和四十八年（一九七三）

註12　同　上（八四七頁）

註13　同　上（二九八頁）

第二節　よる・あむ・つくる ㈠
――樹皮の繊維利用の事例から――

はじめに

宮崎県は全面積の四分の三が山地である。人々は自給自足の生活の中で、豊かな山の幸を生業やくらしにあますところなく生かしてきた。ビニールの発明以前には、運搬・農耕・衣食住等、生活のさまざまな領域で、縄の文化を必要とした。

『広辞苑』によると、縄という言葉は「藁・麻またはシュロの毛などの植物の繊維を細長く綯ったもの。物を結びまたは縛るなどに用いる」とある。素材や用途だけでなく、縄的にこれを利用した生活の場を思い浮かべる時、さらにその範囲は広くなる。

生活に用いてきた製品の素材は、わらや竹はもちろんのこと、樹木の皮や葉・幹・葉柄、蔓、草など自然の中に人々が見出し、永い歳月を通して工夫改善し、利用に供してきたものである。

しかしながら、近年の技術の進歩と生活様式の変化は、山村の生活を一変させ、旧来から伝承されてきた生活慣習や生活用具の製作技術の消滅を余儀なくさせている。

現在、県内には、自然の素材を生かして民具製作をされる技術伝承者のことについて時々聞くことはできる。しかし、その数は年々急速な減少をみせている。

本稿では、昔から伝えられてきた自然物利用の一例として、ヘラの樹皮の繊維利用とその製作方法及び製品を中心に紹介し、あわせて二、三の繊維を利用する素材についても紹介したい。

一　樹皮の繊維利用

(一)　ヘラノキ

①　ヘラの加工について

ヘラノキの名を耳にしたのは、数年前のことである。東北地方にあるシナ（シナノキのこと、マダともいう）は、樹皮の利用が盛んであったと聞き、九州山地での樹皮をとる木のことを尋ねてきたが、その時返ってくる答えは、みんなヘラ（ヘラノキのこと。以下地方名の場合はヘラと記す）であった。『標準原色図鑑全集8』（保育社刊）によれば、「ヘラノキは、シナノキ科、シナノキ属、シナノキの一種である。本州の西部、四国、九州に生える落葉高木で、葉はシナノキより狭く小さくほぼ卵状だ円形または長だ円形で基部は非常にいがんでいる」とある。

ヘラは、繊維が縦に長くとれ、縄状に編んでいろいろな民具に作れるため、県内の各地で使用さ

ヘラノキ

ヘラの皮をとる枝

れた。しかし、耐久性や利用の激減から、製作の姿はもちろん、使用した用具を見ることもほとんど稀なこととなった。

平成七年二月、北川町下塚の陸地(かちじ)地区の小野忠幸氏を訪れた際、樹皮で編んだ縄状の一部が目にとまった。それはイサキ（後述）であったが、ヘラに出会える貴重な日となった。小野氏がヘラの加工技術を体験的に覚えておられるということを聞き、製作の姿を披露していただくことになった。

ヘラは、春の彼岸から秋の彼岸までが皮をとるのによい時期である。しかし、皮がとれやすく、作業が盛んに行われたのは六月からであった。矢ケ内川周辺には、昔からヘラがたくさんあったという。二〇メートルくらいに成長した木を伐り倒し、一〜一・五メートルの長さの丸太に切り揃えた。枝は捨て、皮のとれる量が少ない上の部分も除いた。伐ってから長く置くと皮が剝げにくくなるので、その場で剝いだ。表皮から木質との接点までの内皮（甘肌）は、木の端からシューッと剝げたが、一番外の皮は使えないので腐らせて除いた。剝いだ皮は、カルイで持って帰った。ちなみに、残った丸太は、乾燥させ、太鼓のバチとして重用された。

外皮と薄皮を剝ぐために行う「水浸け」は、洪水の際に流れる心配のない池が適していた。川に漬ける場合は、上から石を載せて流されないようにした。とにかく水中に漬けておけばよかったが、水の動かない溜り水の所の方が早く発酵して腐りやすかった。溜り水の場合は二週間、流れ水の場合は三週間くらいかかったという。外皮の腐れ具合を見て水から揚げ、石の上で木槌で叩く。外皮のどろどろがとれるまで、流れ水で洗ってはまた叩く。根元の部分では、一枚の皮から薄い皮が五～六枚とれた。上の枝の部分では、一～二枚しかとれなかった。

皮は天日または日陰で三～四日乾燥し、保存した。製品に編むのは、田植え後のゆとりある時間や雨降りの日をあてた。冬の夜業として作ることもあった。

ヘラの皮をとる作業は、各農家とも毎年行うのではなく、三年に一回程度であったという。伝え聞くところでは、西南戦争（一八七七年）の頃、兵士三百人分のワラジを必要とし、うっそうとした木立の中からヘラを一気に倒したため、この地区のヘラは伐り尽くされ、以降少なくなったという。ところで、以前には県内でも各地でヘラの皮が利用されていた。その例を、九州山地の五ヶ瀬町、日之影町、諸塚村、椎葉村、須木村、並びに木城町での聞き取りをもとに記しておきたい。

ヘラの木の太さは、直径約二〇センチくらいがよく、水をよく吸いあげた六月頃伐ると、皮の剝

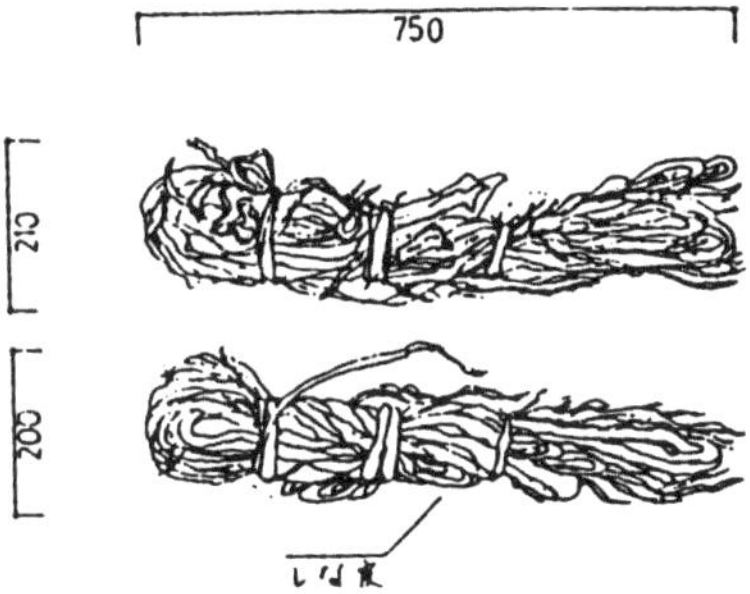

シナカワ
（奥会津地方の山村生産用具）

げもよい。皮は、厚さ一センチ、長さ一メートルくらいに切る。須木村では、それを一カ月くらい、どぶ水につける。そのあと水洗いし、一枚一枚紙のようにして薄皮を剝ぐ。褐色がかった黄色の皮からは、二ミリくらいの薄さの皮が、十枚くらいとれたという。保存するために、陰干しをして乾燥させた。必要な時に水をふきかけ、テンコロで叩き、綯(な)いやすくした。木城町でも、どろ水につけた後、同じように行った。五ヶ瀬町では、七、八月頃、生の皮を剝ぎ、水につけ、腐れると竹のヘゴで甘皮を落とした。諸塚村では、六月頃に、皮を一・五メートルくらいの長さに剝ぎ、オオガマで煮た。何時間も煮てアクヌキをし、冷やしてから谷川の水でさらした。陰干し乾燥のあと、長さ一メートル、幅二〇～二五センチのヘラを縦に裂くと、五～六枚の皮がとれた。日之影町では、湯につけ、やわらかくしたあと、メグリボウなどに繊維質を巻きつけ、編み込んだ。（拙稿「日向山村の自然物とその利用」七七頁より）

また、広く全国的にみると、関東から東北地方では古くからシナノキのシナ皮が盛んに利用された。二つの例を文献から紹介したい。

「皮を剝ぐ時期は五月から八月頃までが良く、この皮を剝ぐ仕事は昔から重労働中の重労働で、合わせナッパ（二食分入る弁当箱）でなければ務まらないといわれている。皮を剝ぐ木の太さは一〇センチから一五センチくらいが最高でそれ以上太い木は皮が堅い。鉈と皮むきを使って根元から一間くらいの長さにむき、むいてきた生皮は一晩むしろの下に入れておいてから一枚一枚皮をはがして、厚い皮と薄い皮に区別して、それを十五枚から二十枚くらいに後で使用しやすいように結束する。一般に行われている製法はこの結束した生皮を、池または川に二十日から一カ月くらい浸しておく方法で、あまり水温が高かったり、長く浸しすぎると皮が弱くなってしまうので、こまめに浸した皮を水から引き上げる時期をみるのがポイントとなる。もうひとつの製法は、生皮を灰汁で煮る方法がある。これもあまり煮すぎると皮が弱くなるが、早く製品になるのと水に浸した製品より強度の点で勝っている。色が茶褐色になるのと大量の木灰と手間のかかる製法である。……略」

（「奥会津地方の山村生産用具」より）

次に、岩手県の例を紹介したい。

「北日本では、繊維をとる樹皮として古くからマダ（シナノキ）とオヒョウとが知られています。…（途中略）…（マダの）皮は五月中旬から六月末頃までにはぎます。土用を過ぎるとなかなかはげないそうです。用途によって、直径三～四センチから一〇～一五センチぐらいの木を選び、太い木は根の方から上の方へ、細い木は上の方から根の方へはいでいきます。皮は家に持ち帰り、池に半月も浸けておくと外皮が腐れ、内皮（ショウフ）が残ります。それを乾燥した後、束ねて保存しておきます。内皮はひっぱれば薄く十枚以上にはげていきます。細い木の皮は、家に持って帰った後、その夜のうちに外皮をはぎ落とし、内皮を天気の良い時に外に出してさっと乾かし、中に入れて陰

干しにしてから保存します。略」（「北国のわら細工」より）

以上の事例に共通していえることは、ヘラノキの太さは約一五センチ、長さが一・五～一・八メートルくらいが皮利用に適していたようである。その場で皮を剝ぎ、家に持ち帰った後結束し、水浸けする。池や川につけて外皮を剝げやすくした後、皮とヘラの部分を分けるのにほぼ半月くらいかかるとしている。また、灰汁で煮る場合もある。そして、乾燥した後保存された。

本県では、水浸けによる処理の場合が多いが、煮沸の技術も伝えられており、ヤマカジやツヅラ、スゲ等の利用に湯を利用した先人の工夫との関連も考えられる。

②　ヘラの製品

ヘラはどんな製品に作られ、利用されたのであろうか。前述の地区について聞き取りを行ったのが、**表1**である。

ヘラはワラに比べて丈夫であった。遠道をワラジで行くと、一日しかもたなかったが、ヘラで編むと二、三日はもった。雨

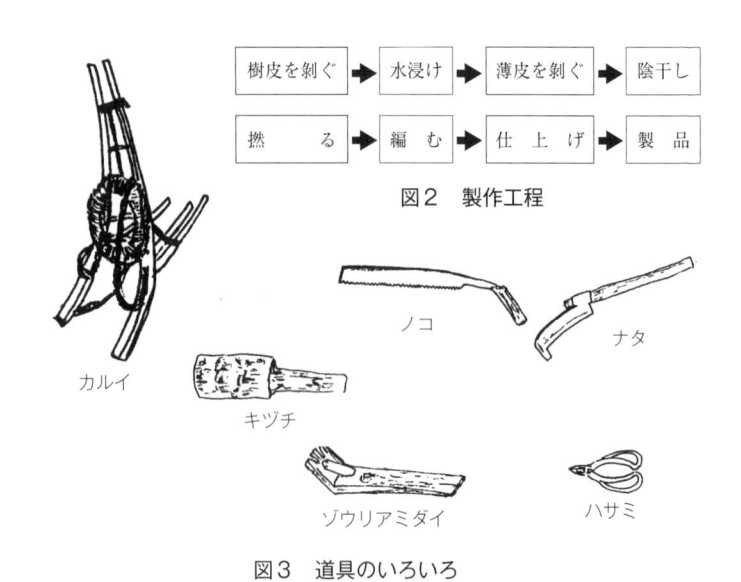

表1　民具へのヘラ利用

地　域	ヘラを素材にした製品
北川町	ワラジ、ゾウリ、ハラオビ、ミノ、カヤミノ、ヒナワ、シシオドシ、ヘラヅナ等
五ヶ瀬町	ヒキオ、井戸のヒキヅナ、普請の時のナゲヅナ等
日之影町	メグリボウへの編み込み
椎葉村	カニロ、牛馬のニノウ、ワラとヘラを混ぜたミノ、ヘラミノ
諸塚村	ミノ、マエミノ（上衣の背に編み込む）
須木村	ウシノツナ、クチワ、ナワと混ぜたツナ
奥会津	ヒモ、セオイナワ、ニナワ、ミノ、イジッコ、ロープ
岩手県	布、ナワ類、コダシなどの袋物、荷用太縄、ミノ、ケラ、ハバキ、前掛け類

（県内の聞き取り及び「奥会津地方の山村生産用具」「北国のわら細工」を参考にして作成）

樹皮を剝ぐ → 水浸け → 薄皮を剝ぐ → 陰干し

撚る → 編む → 仕上げ → 製品

図2　製作工程

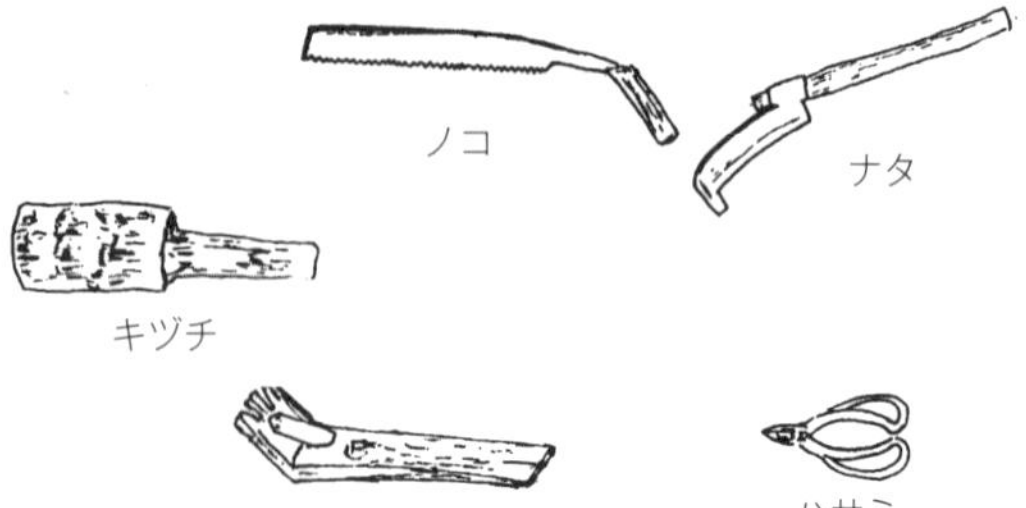

図3　道具のいろいろ

に強くて軽いためよく使われたが、保管の状態が悪いとカビやすいという欠点もあった。

ヘラは、そのままでミノに編まれたり、ワラと混ぜてヒキヅナやゾウリ、ワラジに編まれたりした。カヤミノの紐や縄の部分は、ヘラを撚って作られた。また、火縄銃の点火に用いるヒナワは、ヘラを混ぜて縄にされた。畑に来る害獣に対して、シシオドシを設けたが、これは竹の繊維とヘラ、そして人の髪の毛を混ぜて作られた。ヘラは木の本数にも限りがあり、貴重なため、いろいろなものと混ぜて有効に使われた。

③　製作工程と道具

ヘラの繊維素材の抽出には、「皮剝ぎ」「水さらし」「表皮除去」「薄皮の繊維とり」「乾燥保存の加工」の工程がある。また、製品化に至るまでには、さらに「細工」「仕上げ」の工程が加わる。それぞれの工程を写真で紹介したい。

ゾウリづくりの工程

ヘラのせんい

水につけてたたく

ヘラでタイマツをむすぶ

皮をはぐ

洗う

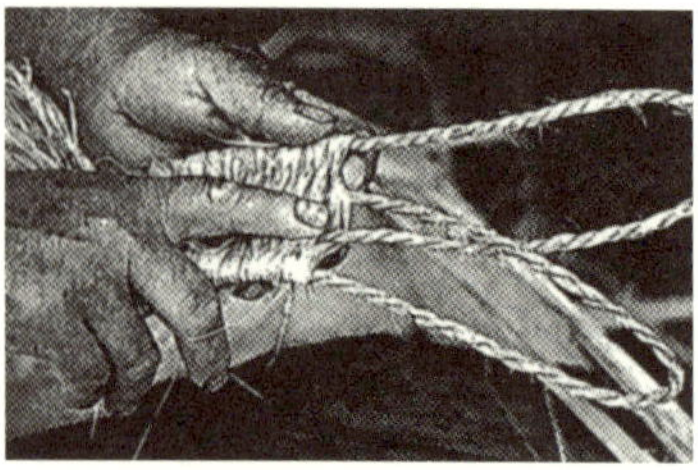
指で長さをはかる

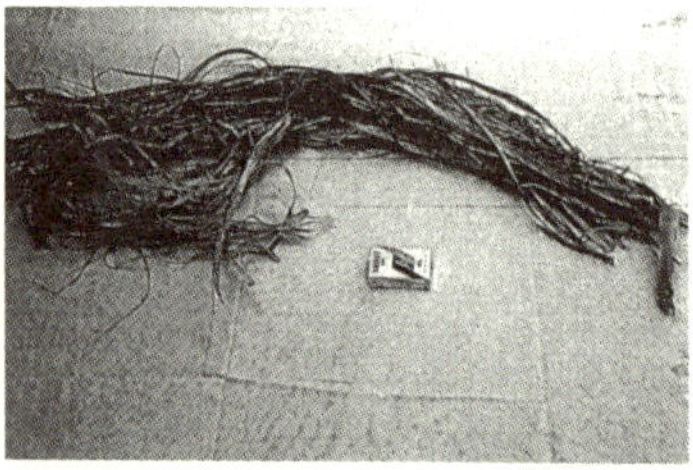
ヘラのせんい

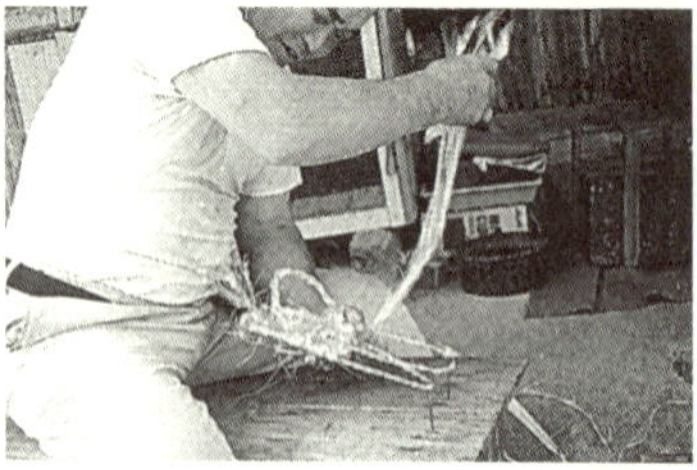
緒を入れる

ゾウリ編みはじめ

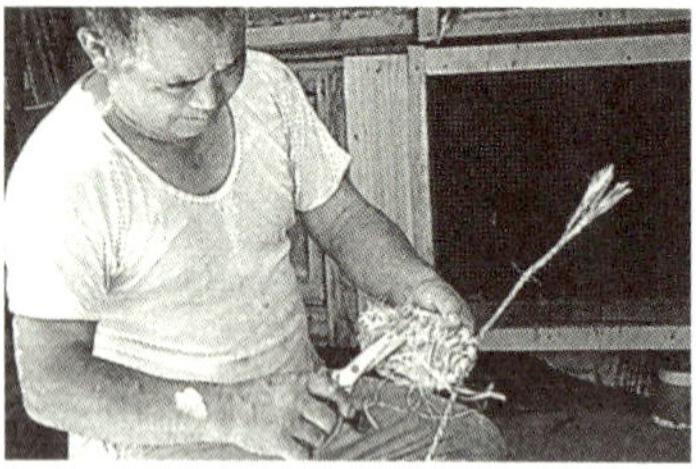
仕上げ

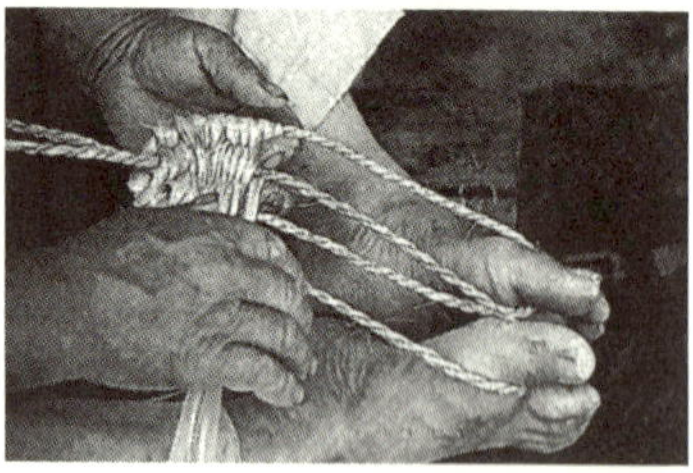
編みの途中

片ゾウリ（片方）

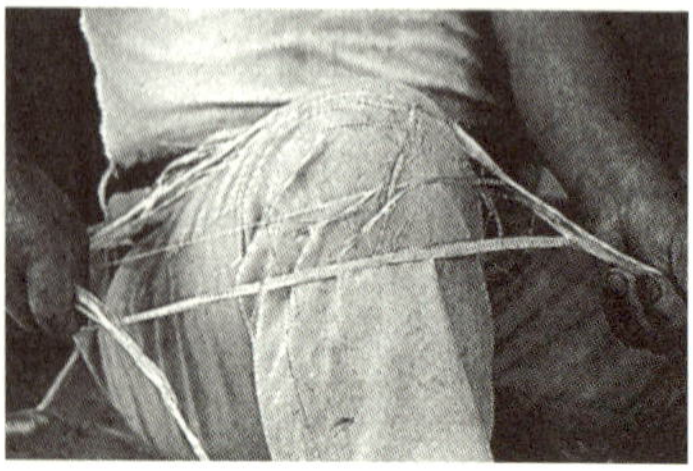
ヘラをよる

(二)　イサキ

①　イサキの名を耳にしたのも、小野氏からであった。

イサキの名を耳にしたのも、小野氏からであった。縄状の一部を残している繊維は、長い時を経て古くもろい部分もあったが、中の方はひっぱっても丈夫であった。後日、樹木の写真をもとに県文化課の斎藤政美氏に調べてもらったところ、アオギリ科のアオギリだとわかった。アオギリは高さ二〇メートルにもなる高木で、公園などによく植栽されている。『日本植物図鑑』によると、その呼び名には、キリ、イッサキ、イサキほかたくさんの名称があげられており、同書には「(種樹書)(前略)、又云イッサキ、葉も木も梧桐に似て異なり、葉の裏に光あり、梧桐の葉よりうすく、初生して二、三年苗を刈れば叢生す。其後、長したるをもって河水に浸し、皮を剝げば苧の如く白し、之を用いて縄と為し、馬具とし莚を織る糸とす、麻苧を用るが如くす、つよし、毎年刈ることこうぞの如し、其実は炊りて食し、果とす、(後略)」と記され、以前から馬具や莚織りの縄や糸に用いられてきたことが知られる。

小野氏によると、イサキはかつて、隣町の北浦町において、シュロと同じ山の麓や畑の畦に植えられていたという。シュロは昔から縄の主役として用いられたが、いつの頃からイサキが植えられるようになったのか、歴史的な経緯は明らかでない。イサキは挿し木ができるので、遠くまで広がることも考えられるが、木やその皮の利用をみることができるのは町境の三川内地区辺りまでで、

イサキ

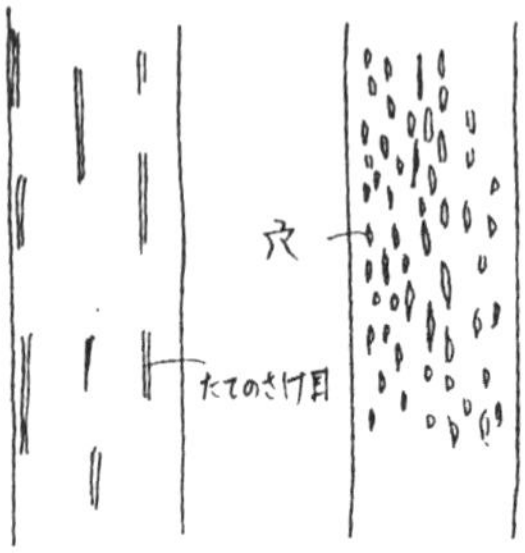

ヘラ　　イサキ

イサキ（小野忠幸氏撮影）

北川町の山間部までは伝わっていないという。ヘラの利用圏とイサキの利用圏との違いは、どんな理由によるものか興味のある問題である。

イサキの樹皮は、ヘラと同じく六月頃にとる。一メートルくらいの高さの木を根元から切り、丸太状にして家へ持ち帰る。樹皮のとり方は、皮を剝いだ後、ヘラと同じく池や川に水浸けした。

② イサキの利用

イサキはヘラより繊維が小さく丈夫であった。イサキは、主に海の漁具に使われた。船をつなぐ綱、網をひっぱる綱、船の帆を操る綱など、ロープとしての役割が重視された。また、牛耕の時のヒキヅナやハラオビにも編まれた。

③ 製作工程

ここでは、牛のハラオビを編む工程を主に紹介したい。なお、材料不足のため、一部にヘラを用いている。

牛のハラオビを編む工程

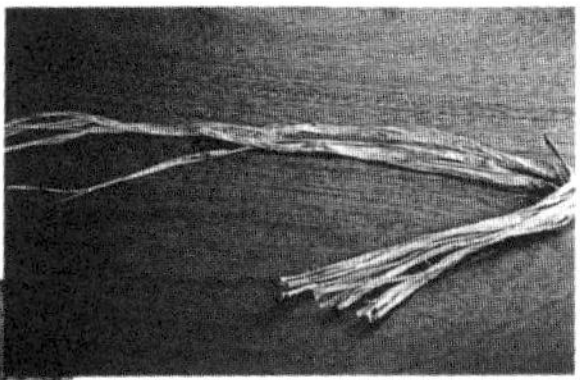

イサキ　せんい

イサキを縄による

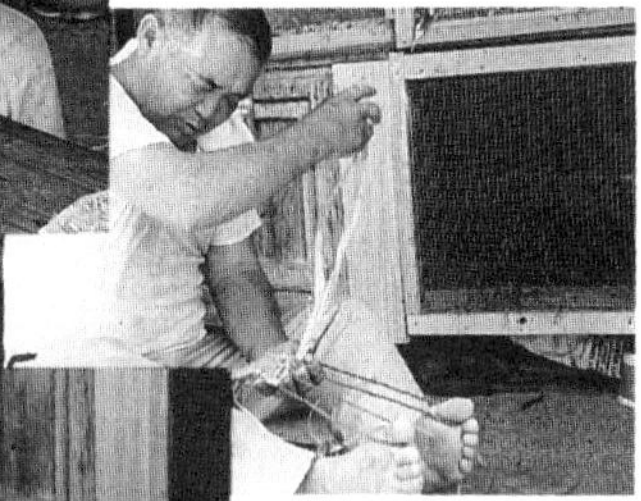

編みはじめ

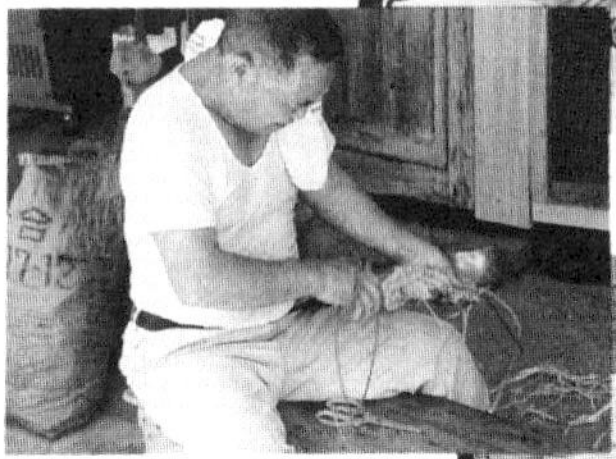

編みの途中（しめる）

仕上げ

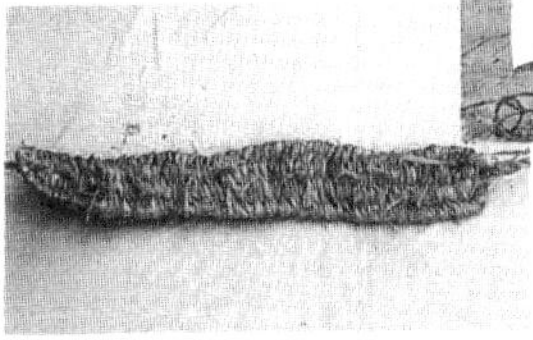

ハラオビ（一部ヘラ）

ラミーの皮をむく

ラミー

(三) ラミー（カラムシ）

県内で一般的に呼ばれているラミーは、イラクサ科のカラムシという野生の植物である。ラミーは、八月から九月頃までの間に刈る。山や川の近くに自生しているそれは二メートルくらいの高さになる。これより遅くとるとムシオケで蒸さないと皮が剝けなくなるからである。麻を植えていない地区では、ラミーが大切にされた。ラミーの青い皮を竹べラでこさぎ、乾燥させると、麻苧に近い白さとなった。

小野氏には、戦時中に、ラミーを一人につき三十本ずつ、宿題として提出した思い出がある。それは、学校全体の生徒が取り組み、一人分が直径五〇センチくらいのラミーの束を一把ずつ、山の麓や川の近くでとった。役場に提出すると、学校に一人か二人分のラミーで作った服が渡された。ラミーの衣服はかゆみがあったという。

衣服に利用されたラミーの繊維は、日常的にはハエナワ漁の針結びやこま回しのヒモに使われた。また、葬式の際の棺桶を担ぐためのヒモとして、麻苧と混ぜてヒモに編まれた。このヒモは、用が終わると墓からとってきてシシワナに使うと、イノシシがよく捕れたという。

おわりに

昭和二十年代後半からのビニールの出現により、それまで使われてきた自然物利用のさまざまな素材が、我々の生活から姿を消していった。自給自足の時代にあって、自然の素材をいかに工夫してくらしに役立てるかという人々の知恵と探求の姿勢があった。現在、ヘラは宮崎県内においては、「幻の繊維」としての存在になりつつあり、その伝承技術も消え去ろうとしている。今回、貴重な技術の伝承者である小野忠幸氏に出会うことができ、素材を加工し、製品に仕上げられるみごとなその姿に私は感動した。

自然とともに生きてきた人々の知恵や切実な欲求のもとに作り出されてきた民俗文化財としての技術や用具の財産、それらを大切に持ち続け、伝承することにより、新しい文化の礎として見つめ直すことも必要ではないかと思う。

終わりにあたり、御多用の中、樹木の皮はぎや製品づくりまでの工程を実演し、御協力いただいた小野忠幸氏に心から感謝申し上げたい。

これからも機会があれば、身の周りのくらしの姿をみつめ、「よる・あむ・つくる」活動の事例を紹介していきたい。

【参考文献】

・拙稿「日向山村の自然物とその利用」『宮崎県総合博物館研究紀要　第18輯』平成四年
・田島町教育委員会『奥会津地方の山村生産用具』昭和五十七年
・岩手県立博物館『北国のわら細工』昭和六十二年
・上原敬二『樹木大図説』有明書房　昭和三十六年
・佐竹義輔他『日本の野生植物木本Ⅱ』平凡社　平成元年

【協力者及び話者】(敬称略)

写真提供：小野忠幸
協力者：斎藤政美
話者：本田誠一(五ヶ瀬町)、佐保博宣(日之影町)、吉村タマヨ(諸塚村)、中瀬　守、椎葉秀行(椎葉村)、江藤　伝(故)(木城町)、鶴田勇吉、夏木仲吉(須木村)

第三節　よる・あむ・つくる　㈡

――吊りと枠のテゴ作り伝承から――

はじめに

山仕事の行き来には、それにふさわしい用具を必要とする。山の稜線の青空を見上げつつ、椎茸山に入り、腰に提げたツヅラテゴに春茸（はるこ）（春にとれるシイタケ）を入れる。ツヅラテゴは必需品である。適量になると、大きなカゴに移しかえる。テゴは秋にも使う。季節ごとに、仕事が始まると毎年きまって使われる用具がある。人々は、そんな用具をいろいろな自然の素材で作ってきた。

昔は、仕事やくらしに用いる用具を自給自足的に各家庭で製作し、その技術も親から子へと伝承されてきた。しかし、生産生活用具としての必要性が次第に薄くなり使われなくなるにつれ、その技術を伝承する人も作られる製品も県内では数少なくなってきている。

これらのテゴの製作技術は、どのように伝承されてきたのだろうか。そして、将来に受け継ぐ人は育っているのだろうか。そんな思いがこの調査を始めるきっかけとなった。

かつて、ツヅラテゴを幾つか目にした時、その形に丸型のものと角型のものがあった。諸塚村のものには丸型が、西米良村のものには角型が多いと感じた。地域によって形が違うのだろうか。また、形や編み方に意味があるのだろうかと考え、実際に製作される姿を訪ねることにした。

本稿は、聞き取りの事例紹介を中心にし、二、三の感想をつけ加えたものである。調査不足の点は、御了承いただきたい。

一　テゴについて

テゴは、手籠と記すのであろうか。籠や袋状のやや小型の入れ物であるテゴは、腰に提げるが、背に負う使い方もなされる。素材によって、竹製品はカゴ、メゴ、ホゴと呼ばれ、ツヅラカズラ、カヤ、スゲ、シュロ、カジ（コヨリ）、アサ、わらによるものは、テゴと呼ばれてきた。

テゴについては、背負いや腰提げ用の袋状の編み籠であるとして、泉房子氏の「宮崎のテゴ」（昭和五十年　一九七五　宮崎県総合博物館研究紀要第三輯）に幅広い内容を分析された貴重な報告があるのでそれを参照されたい。

テゴの名称は、カヤテゴなど素材によりつけられたもの、背負い・かるい・腰提げなど用い方によってつけられたもの、ヒンメシ（昼飯）・ナバ・茶摘みなど入れるものや用途によってつけられたもの、イノメ・アバラなど編み方によってつけられたものなどがある。

ここで、テゴの編まれた素材や使用法について幾つか紹介したい。（資料はすべて宮崎県総合博物館蔵）

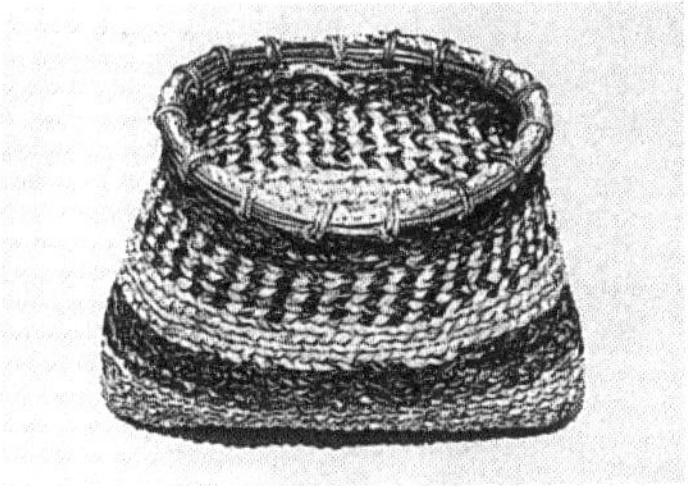

タネテゴ（タネリカジ）〔諸塚村〕　カジの表裏を出して編み、美しい模様を描き出している。種蒔き用として使用。

ツヅラテゴ〔椎葉村〕　椎茸や茶摘みなどの収穫用具。いっぱいになったら、大きなカゴに移す。

シュロテゴ〔木城町〕　山仕事の道具や野菜等を入れるのに使用。背負って運ぶ。雨にぬれても強く、切れにくい。

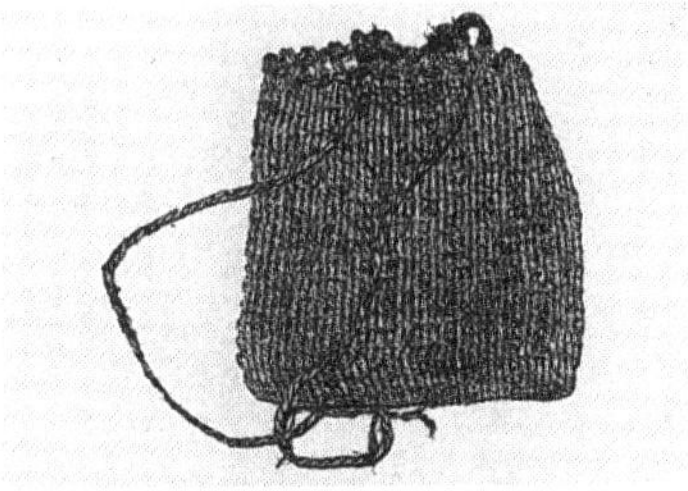

スゲテゴ〔南郷村〕　山仕事や畑での農作業の際、弁当や小道具を入れて運ぶ。山菜とりにも使用。本資料は、背負い用である。

テゴ（アサ）〔小林市〕　アサ縄をなって編んでいく。アサ栽培のなされた頃の製作。小道具や弁当入れに使用され、背負い用。

カヤテゴ〔五ヶ瀬町〕　主に茶の収穫用に使用。また、弁当を入れて運ぶ時にも使用。マカヤで編まれている。

ナワテゴ（わら）〔西都市〕　山仕事の小道具や弁当を入れる。また、野菜や山菜を入れる時にも使用。目の粗いものは、カガリと称し、肥料運搬等に使用される。

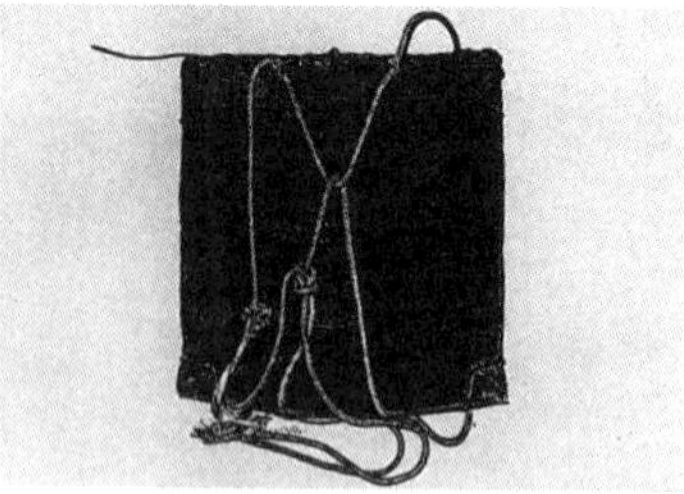

タナテゴ（カジ）〔西米良村〕　カジの皮から作った和紙を切ってコヨリを作り、編み込んでいく。仕上げに柿渋を塗ると、表面も固くなり、光沢も増す。腰提げの作業用や、背負って山仕事の用具入れ等にも使用。

サゲテゴ（竹）〔日之影町〕
竹製の籠は、丈夫で目の粗密もさまざまに編めるため、山仕事や農作業等使用の種類も多い。摘んだ茶がむれないため、茶摘みにも使用される。縄のつけ方により、腰提げにも背負いようにもできるが、本資料は腰につけて使用。

表1　テゴの形と素材の一例

名　称	素　材	形	市町村名
カズラテゴ	ツヅラ	角	西米良村
ツヅラテゴ	ツヅラ	丸	椎 葉 村
サゲテゴ	ツヅラ	丸	諸 塚 村
テゴ	ツヅラ	丸	南 郷 村
カズラテゴ	ツヅラ	角	東 郷 町
テゴ	ツヅラ	角	西米良村
テゴ	ツヅラ	角	西 都 市
ツヅラテゴ	ツヅラ	角	須 木 村
ツヅラテゴ	ツヅラ	角	須 木 村
ツヅラテゴ	ツヅラ	角	野 尻 町

名称	素材	形	市町村名
ツヅラテゴ	ツヅラ	角	野尻町
イノメテゴ	スゲ	角	西米良村
サゲテゴ	スゲ	角	椎葉村
サゲテゴ	スゲ	角	椎葉村
テゴ	スゲ	角	西米良村
テゴ	スゲ	角	東郷町
テゴ	スゲ	角	南郷村
シュロテゴ	シュロ	角	南郷村
シュロテゴ	シュロ	角	木城町
シュロテゴ	シュロ	角	木城町
シュロテゴ	シュロ	角	西都市
コヨリテゴ	カジ	角	野尻町
コヨリテゴ	カジ	角	西米良村
タナテゴ	カジ	角	西米良村
テゴ	アサ	角	小林市
イノメテゴ	マニラアサ	角	西米良村
カヤテゴ	カヤ	角	五ヶ瀬町
イノメテゴ	カヤ	角	西米良村
ヒンメシカゴ	カヤ	角	須木村
ヒンメカゴ	カヤ	角	須木村
コシテゴ	カヤ	角	小林市
ワラテゴ	わら	角	五ヶ瀬町
ワラテゴ	わら	角	五ヶ瀬町
テゴ	わら	角	東郷町
ワラテゴ	わら	角	東郷町
ナワテゴ	わら	角	西都市
アバラテゴ	わら	角	西都市
メゴ	竹	底角口丸	日之影町
サゲテゴ	竹	底角口丸	日之影町
ツケホゴ	竹	底角口丸	椎葉村
カリカゴ	竹	底角口丸	東郷町
コシツケカゴ	竹	底角口丸	西都市

(宮崎県総合博物館編　『日向の山村生産用具』目録編、資料編六を参考にして作成)

以上のように、運搬具としてのテゴは、日常の作業や買物の際に身近なものとしてひんぱんに使われた。焼畑作業においては、ヤボ切り作業の道具入れから、収穫の際の種蒔き用までさまざまに利用された。また、山間地での作業では、お茶摘み、椎茸とり、ヒエあるいは芋や野菜の収穫の際に手軽に利用され、また、山仕事の用具や弁当入れ、あるいは時々の町への買物など、四季にわたって活躍する重宝な用具であった。県内で実際にテゴづくりをされる人にはどんな方がおられるのだろうか。折々に尋ねたところでは、今でも作れるが、現実に使わないので作ることもしなくなったという答えが返ってきた。

材料がないとか、少なくなっていることも伝承者がいなくなる一因である。ツヅラテゴを編む人は、県内に若干見つけることができるが、スゲテゴを編む人はきわめて稀な存在となった。

(一) ツヅラテゴを編む

ツヅラカズラは、秋彼岸を過ぎて木の葉が落ちる頃とるのがよく、霜が降りてから春の芽の出る頃までにとったものは弱くなる。彼岸後の時期に地上や地をはっているものを鎌で切ってきた。

ツヅラカズラは、つづらふじ科でオオツヅラフジともいう。『改訂増補牧野新日本植物図鑑』(一九八九、北隆館刊)によると、「山地の林中にはえる落葉性木本のつるで、茎は長くのび、木質で硬く、生時は緑色でなめらかな円柱形であるけれども、枯れると暗色となり、細い縦すじが現れる。茎の基部はしばしば肥大となり、また主茎も大形になることがある。また、下部の根本から細長い匐枝(ふくし)を出して地上をはい、遠くまでのびる。(後略)」と記されている。

諸塚村では、弁当を持って一日採りにいくことを「ツヅラ立つ」といった。二時間ほどでテゴ一個製作分の量がとれ、帰りには、背にいっぱい負うほどの量をとって帰ったものだという。とってきた時ヒゲをとり、一晩ねかす。色がまだあおいうちに風呂につけ、湯に通した後、乾燥させてお

丸型のテゴ（日之影町）

角型のテゴ（須木村）

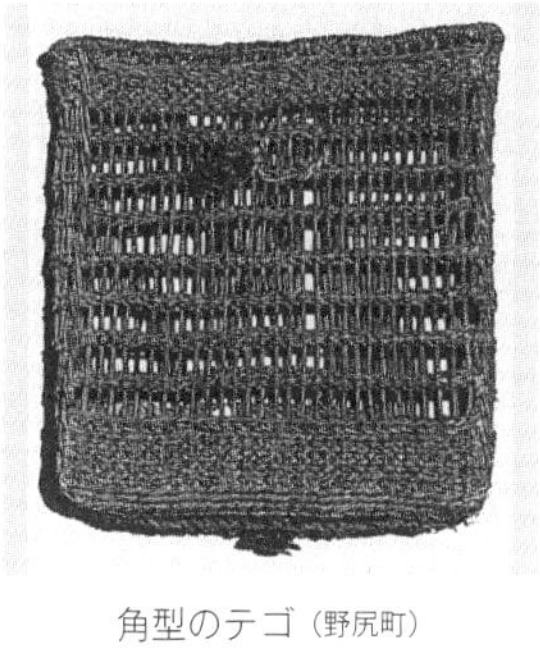
角型のテゴ（野尻町）

き、ムシロに伏せておくと、二〜三年は持つという。いろりの火を焚くところに下げておいて乾燥させると、針金のように強くなるという。使う時には湯をかけ、柔らかくすると編みやすくなる。昔は、ツヅラカズラの大きな蔓では、摘んだ茶を運ぶための大きなチャカゴを作ることもあった。チャカゴは竹のように丈夫ではなく、背負いにくかったという。このカズラは、親カズラともいい、これを取ると、翌年は蔓が生えなかった。

（諸塚村小原井　吉村タマヨ・藤本みどり氏談）

テゴの形には、右の如く丸型と角型の二通りがあり、吊り式、枠使用のいずれかによって編まれたものと考えられる。

はじめに、丸型の編みの事例を、諸塚村七ツ山小原井の藤本みどりさん製作の姿によって紹介したい。

編む材料としてのツヅラカズラはあみそといい、丸く巻いたものを幾つも保存しておき、二～三日前に水につけておかないと固くて編めないという。あみそがよいものであれば、よいテゴが出来るという。

ツヅラカズラは、縦と横の長さを同じにする。底竹は三四センチ、たてそ一本の長さ九五センチに揃えたのを四十二本くらい準備する。本数は奇数でも偶数でもよい。側面にあたる中心部には、補強のために二本を一組にしたたてそを置く。平面にたてそ四十二本を並べ、その中心部の左端から二本のあみそ（よこそ）でたてそを挟むように編み込んで固定していく。さらに、方向を変え、行き戻り編んだところで底竹に固定する。竹は外竹（底の外側に挟む）と中竹（底の内側に挟む）を入れ、

丸型の編み方

ツヅラをとる

ツヅラカズラ

ヒゲをとる

たてその先端を編み込む

輪にして、束をつくる

クチアミ

よこそを編む

ツヅラテゴを腰につける

回転させて編む

五カ所を結んで両端を上の柱から吊るす。底竹の両コグチからは三本ずつたてそを出す。竹をはめないと、固定せず、形がきちんとしないので底竹は必ず入れる。ここまでの作業がとても時間を要する。

よこそは、底竹の外側を渦巻状に編んでいく。二本のあみそをたてそに交互にからめながら編んでいく。吊るされたテゴは、回転させながら編めるので作業も容易である。途中、あみそが短くなったり、細くなったりすると、前のあみそにかけながら継ぎ足していく。

縦、横の並びに目を配りながら一本一本ていねいに編む。底の部分は、上部分に比べて編みの目を密にする。勘による作業であるが、底から二段目までが一センチ、三〜四段目が二センチ、五段目以上が三センチとほぼ正確である。底の両端の曲がり部分は、たてそ、よこそが幾つも交錯しており、底から一段目が五ミリ、二〜四段目が一センチ、五段目〜六段目が二センチ、七段目以上が三センチと編みの目もよりていねいである。この段階の慎重な編み込みが、丈夫さ、安定した形、曲線、ひいてはテゴの形全体を決めることになるからである。格子状に編むこの方法を、「普通編み」と呼ぶ。椎葉村では「あばら編み」ともいう。たてそによこそをしっかりくいこませ、ねじるようにして一つ一つていねいに固定する。あみそは底の方に細目のもの、上部には太めのものが使われている。これも使う時のことを考えての細かな工夫である。六〜七段目あたりになると、縦横がふくらみすぎていないか、手で押さえたり、時には指感覚の物差しで確かめたりする。編みの過程の勘と心くばりがテゴの形を決定する。よこそは十三段まで編み、吊り下げてあるのを降ろす。

長めにしてあるたてそを一本ずつ曲げ、その上から二本のよこそで交互に固定してあむ。十三段目の表面に出ているたてそは、巻縁(まきぶち)状の統一した編み方をする。たてその最後の部分とよこそをアンナイボウ（竹ベラのこと）で中に押し込み処理をする。

クチアミ（フチラアミ、フチトリともいう）は、補強のため、たてその長さのツヅラカズラを外側に七本、内側に三本程度あて、一カ所ずつ巻いてとめていく。外は後からでも入れられるが、中を先に回しておかないとやりにくい。十三〜十四カ所とめる。サゲテゴはかど（側面）が一番破れやすく、縁はあまりくずれることはないという。地面に置くと湿気があるので保存にはよくない。また、物を入れたまま下げておいたり、日光にあてるのもよくないという。ツヅラは、できるだけ切らずに入れ込んで使い、最後にアンナイボウで通し、結びの部分に入れる。形を押さえて整え、ハサミで出ている部分をそろえて仕上げる。

以下は、ツヅラテゴ製作に関する各地の聞き取りである。

椎葉村でも、メゴ（テゴ）つくりにツヅラを使う。秋の旧暦彼岸を過ぎた頃からツヅラを取る。切ってきたのをしばらく干し、乾燥させてから保存しておき、使う時に水にしめす。編む時は、編む大きさの竹製のシリバサミ一本を使い、両端を上から吊っておき、左から右へ回しながら編んでいく。はじめに、底から編んでいく。メゴの大きさによって、たてその長さも変わる。たてそを作る長さに合わせて切っておき、編み口から、左から右へと編んでいく。たてそに二本ひと組のよこそを、内・外、内・外と二本間隔で交互に編んでいく。編みながらくるりくるりと回す。ツヅラは大変強く、軽いのでよく使用されるという。一番上の部分まで編むと、たてその先の部分を曲げて入れ、七〜八本のツヅラで縁を巻き、十カ所くらいをとめる。これにシュロヒモで緒をつける。緒のつけ方によって、背負い用にもなる。

（椎葉村尾向　椎葉岩蔵氏談）

テゴ編みには、ツヅラカズラとアキウソカズラを使う。夏に取ったカズラは身と皮がはずれるので、秋口に取るのがよい。編み方には、普通編みとイヌノメ編みがある。普通編みは、一本編みなので編むのが楽である。たてそを必要な長さに切り、竹に挟んで上から吊るし、よこそを一本一本入れて引き回し引き回ししておうで（編んで）いく。椎葉村には、丸型の物が多い。ふくらみのある方がたくさん入るからである。ツヅラカズラは、粒が大きく、一本で粗く編んでも丈夫である。しかし、アキウソカズラは、細いので腰につけた時にも弱い。それで、イヌノメ編み（ダイヤ形）をして、少しでも丈夫にして使えるようにしてある。

（椎葉村獄之枝尾　中瀬　守氏御夫妻談）

テゴを作るのは、ツヅラカズラである。ツヅラは、湯に通して乾燥させておけば、三〜五年はもった。針金の代用となるくらい強かった。昔は、イロリの火をたくところの上に置いて乾燥させておき、湯にもどして使った。

（木城町石河内　江藤　伝氏談）

今でこそ針金があるが、昔はツヅラをとると、商人が買いに来るものだった。それをまた、竹細工をする人が買って、くくるのに使っていた。カズラは、九月から十月頃にかけて、山で取っていた。それを陰干しにしておき、何回か売ったものだった。ソマ（ソバ）作りが済んだとき、「ツヅラ立つ」といって、ツヅラ取りに行ったものだった。こちらのテゴは、丸型はなく、四角な形をしていて背中にからった。枠を作って、それにたてにツヅラを巻き、底の部分から編んだ。枠板は、ツマ（側面にあたる狭い部分）が三〜三・五寸、ヒラ（面の広い部分）はそれよりずうっと長くした。底のツマのコグチから編んでいき、底から上へ順に編んでいった。下の部分ほど目を詰めて（密に）編み、上にいくほど間隔を広くとった。クチの部分のツヅラは、切って中に編み込んだ。クチを編む時は、「クチをとる」といった。ツヅラは、水を通しにくいため、雨の降る日でも仕事に行く時にはからっていった。むかしの人は、ほとんど自分で作った。家庭で作るものは粗いものだったが、商人の作るテゴは、きれいで幅が広く、大きくとても丈夫だったので、小林への買物などに持っていくものだった。

（須木村夏木　鶴田勇吉・夏木仲吉氏談）

(二)　スゲテゴを編む

西米良村上米良に住む柴田ヲクニさんは、県内では数少ないスゲテゴ作りの伝承者である。柴田さんは、小さい頃、父の製作する姿をみて育ち、小学校の頃にはすでに覚えていたという。テゴは、その頃は、ツキゴ（ケヤキの皮の白い部分）やカジ（コウゾ、ミツマタ）の皮を剝いで乾燥させたものでも作った。皮をスゲよりやや大きめの五センチくらいに小さく裂いて縄により、テゴを編んだ。カジは、水に絶対にしめさないようにした。水に弱いので、雨の降る日には持って行けなかった。カジの量があれば密に編めたが、少しであればやや粗目に編んだ。また、細く編もうとすれば、より小さく裂いて縄にした。カジは、雨に当てないようにして保管した。このほか、カヤやシュロなどでもテゴを編んだ。

当時のテゴ編みは、吊り式の方法で、座敷にテゴの幅だけ吊るして編んでいた。しかし、この方法では首や肩がだるいので、柴田さんは二十五歳の時から、枠を使う方法を考えて編みだしたという。これだと、子どもを背負っていても編めるし、立っていても座っていてもできる。その上、首や肩への負担もないからである。

スゲテゴを編む材料は、カンスゲであると柴田さんはいう。スゲは種類が多く、見分けるには専門的な知識を必要とする。前掲の『新日本植物図鑑』によるとかやつりぐさ科に属し、「山地の樹陰に多い強壮な多年草で高さ四〇〜七〇センチ位、葉は根生し多数密生して常緑で表面はやや光沢があり、広線形で先端は狭く尖り、硬く、縁はざらつき基部は淡褐紫色である。（後略）」と記されている。

スゲも県内の山地には、あちこちにあった。東郷町や須木村、綾町では、滝近くやダキ近くの水分の多い所に生えていた。諸塚村では、小さな田の端や湿地状の所に密集して生えていたが、葉の

カンスゲ

スゲをとる

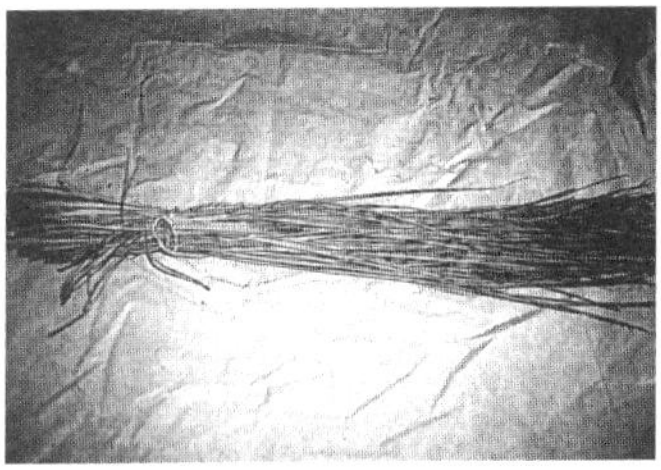
乾燥スゲ

陰干しする

長いものは畳の材料にし、短いものはテゴに使った。また、スゲガサを作るところも多かった。県内各地で使われてきたスゲは、同じ種類のものであったのかは確認できていない。

①　スゲの採取から乾燥

スゲは、九月彼岸の中日頃から十月中頃にかけてとるのがよい。とる時期を過ぎると、花芽が出て、根元の部分が大きくなり、あみそにするにはよくないからである。スゲのよくできる年にはきれいなのがとれる。日の当たり具合や気候も影響を与えるのかも知れない。その年にでた新芽のやわらかい部分を根元を踏みつけてねじるようにしてとる。葉の表面はザラザラしているので、用心しながらぬく。株からぬくと翌年生えないので、必ず株は残しておく。葉の長いものほど、長いアミソが編めるので、五〇～六〇センチくらいのをとり、縄でしばり、背負って持って帰った。スゲは、日影で三カ月間くらい干して乾燥させた。湿気にあたると赤くなるので、ビニル袋に入れ、光に当てず、湿度もあまり変わらない所で保管した。こうしておけば、色も変わらず何年でも保存できた。

② スゲ裂き

乾燥したスゲは、不要な部分の根切りをする。束にしたスゲは、一定の長さのものだけでなく、短いものも準備した。材料が揃うと、スゲ裂き（スゲ割りともいう）を行う。両手に束を持ち、左手で押さえつつ、右の親指で幅二～三ミリに裂いていく。小さい幅だとそれに加えて太くできるので、できるだけ細く裂く。また、根元の部分を細くしておかないと継ぎ足せない。その上、ここを丁寧にしておかないと、作品の仕上がりがよくない。時々、手を水にしめしつつ裂いていく。裂いたテゴは、束にして長さを揃えておく。

③ あみそ（たてそ縄）を綯う

あみそは、テゴを編むための細縄である。先端を膝下に固定して、裂いたスゲを細いのは二本ずつ、大きいものは一本を添え、右撚りによっていく。横に出たヒゲをむしり、綯いつつ、幅や太さ

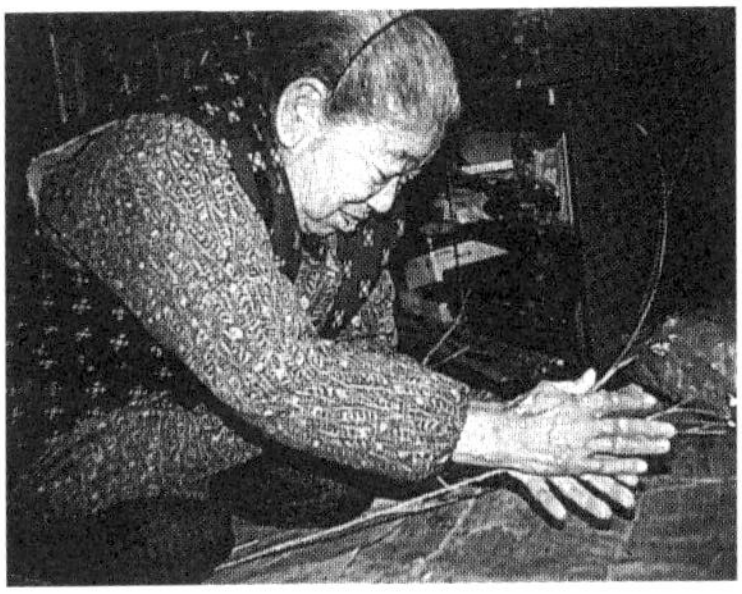
あみそない（膝下で固定）

コスリをかける

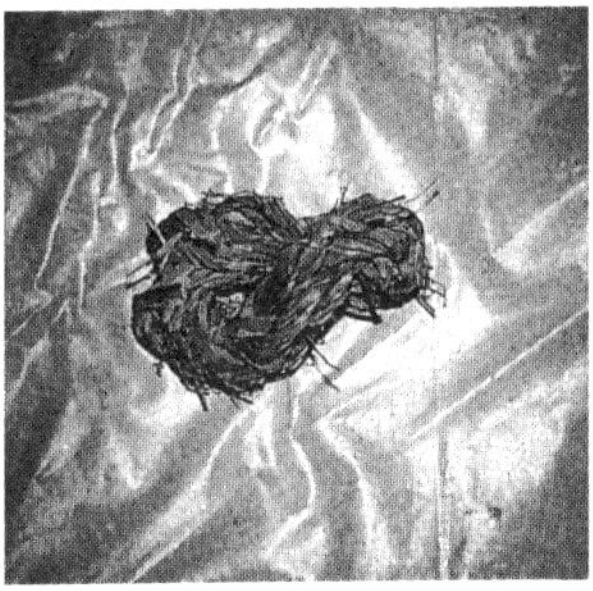
コスリ

を調整し、根元を締める。たえず仕上がりを確かめ、考えながら編むので大変である。

たてそ縄は、幅が二ミリくらいだが、アバラテゴの場合はもっと太い方がよい。山作（やまざく）用に、カライモ、サトイモ、ダイコンなどを運ぶテゴは太目の縄で粗く、ヒエ、アワ用には細目の縄で密に編んだ。柴田さんは昔学校に通った時代にも、このようにして山小屋でダツアミ用の縄も綯っていた。テゴに必要なたてそ縄の長さは一・四メートル×八十本でおよそ一一二メートルにもなる。長い時間をかけて編むこの時間は、編みあがりに直結する大事な作業である。

④　コスリを作る

コスリは、あみその表面をなめらかにし、カサカサをとるためのものである。ワラを五、六本膝下に敷き、右綯いして根元を結び、二つ折にして綯い、挙大のタワシ状の輪を作る。アバラテゴを編む場合には、やや大きくして作る。コスリを使えば、編む時にも編んだ後もきれいで、目が一定方向を向く。あみそを膝下に固定し、コスリをかけたあと、ハサミでヒゲをとる。

次に、縄を屋外や軒下の柱に引っ張る「みずのし」をする。これを二、三時間張っておくと、縄が延び、細さも一定になる。場所は、日なたでも日陰でもよいが、水は絶対にさける。みずのしをすれば、コスリはいらないという。これまでもヒゲをとってきてはいるが、明るい中で見ると、さらに表面のヒゲがよく見えるので、ハサミで切る。こうして、表面のなめらかなあみそが出来上がっていく。張った後は、輪にして保管しておく。

⑤　木枠でたてそを編む

柴田さんは、木枠を使ってテゴを編む。木枠の大きさは、三六・五センチの正方形である。口になる部分の木枠の上に枠木（以下、木の細板と記す）を置き、その上に丸竹（今回はゴムのホースを使用）を置き、端の方一カ所をワラでとめる。木枠に当てる木の細板は、何種類もの長さのものを持っているが、用途や編み上がりの形を考えながら適当なものを選ぶ。胴から底になる部分の木枠には、ゴムの板を張って滑りにくい工夫をしている。

まず、たてそ用の縄をワラで木枠に固定し、その反対側部分の中央からやや端の方で丸竹に結

丸竹にかける

水をかけてスゲをしめす

たてそを編む

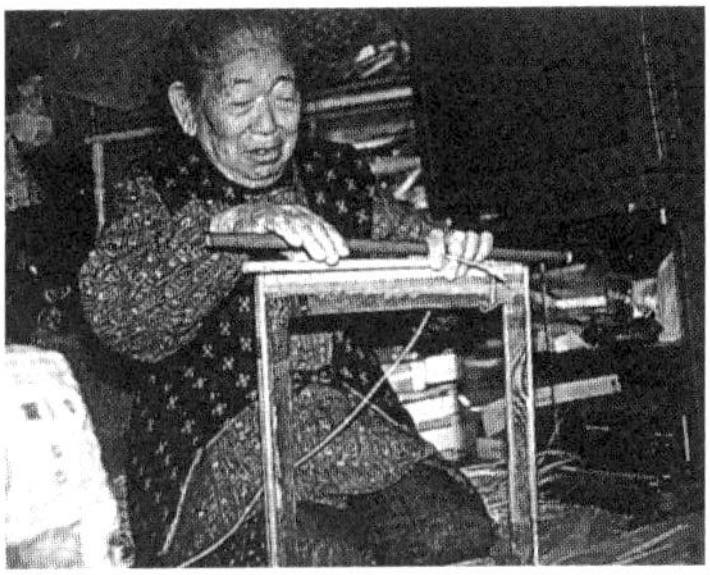

たてそ編み始め

んで固定する。そして、縄を木枠にかけ始める。編み手の内側（手前）から縄を枠の外側へ回し、丸竹の下側と木の細板の間を通してしめ、再び外側へ返す。それを内側へ回し、丸竹の上側から一回転させて木の細板の間を通して締め、さらに下方の内側から外側へ回す。この繰り返しである。丸竹に縄をかける時は、指でしっかりと押さえ、かけ方を間違わないようにして、たてそを百本以上編む。この編み方をすると、あとで口が開くようになっている。

中央部分から編んでいたたてそがある程度になると、ワラで固定した方向へずらし、さらに編んでいく。

（作業はこのあと、よこそ編み〈底作り〉〈胴作り〉、口、ショウゾク〈縁どり〉つけ、背負いヒモ作りの工程がある。筆者は、これらの工程をすべて見せていただく機会を逸したため、聞き取りの記録として記すことができない。しかし、西米良村制作の映像記録ビデオ「スゲテゴづくり」〜西米良村の伝承〜〈註　企画　宮崎県指定伝統的工芸品「てご」保存会　制作　株式会社宮崎フジカラー〉が制作されており、これをもとに、制作者の了解を得て以下の工程を略記したい。このビデオ記録は、製作の工程に即して作業がなされ、専門的な内容をわかりやすく解説したナレーションが入っている。〉

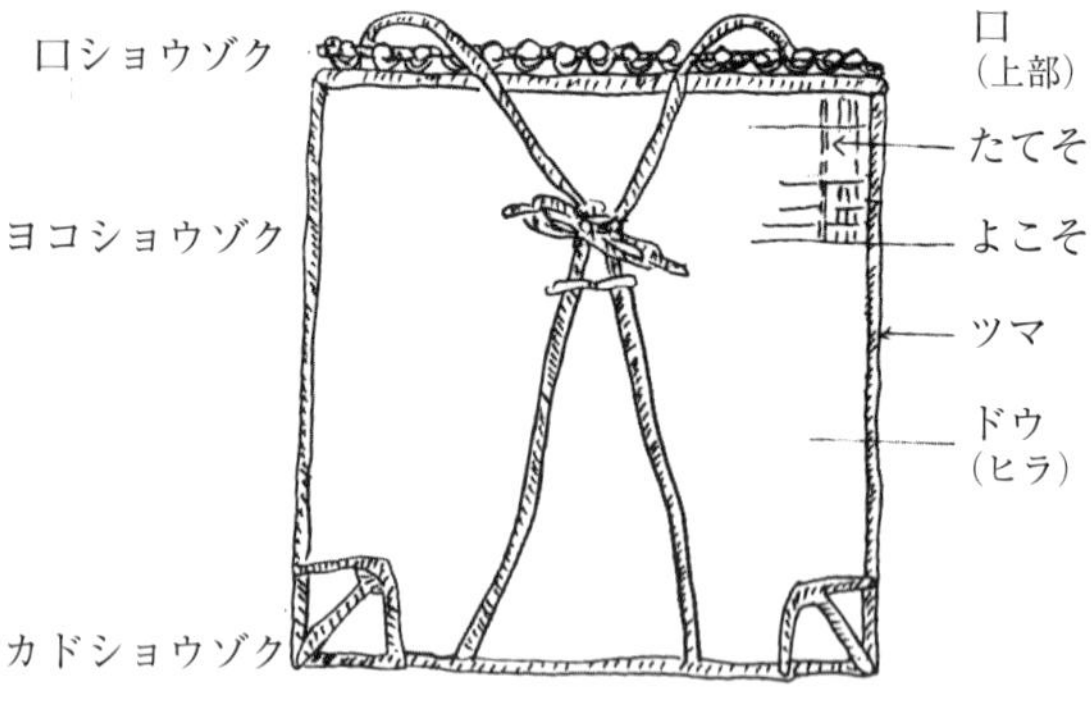

テゴの部分名称

⑥　よこそ（底作り）を編む

よこそは、底の部分から編む。ヨコソは、最初の部分を長さ一・五メートル、およそ一尋をめどにして編み、あとはその都度、縄を編みながら継ぎ足していく。縄は、四、五本のスゲを手にとり、揃えずに少しずつずらして段々に並べる。同じようにしたものを左右の手に持ち、一方を逆さに持ち変えて重ね、均一の太さになるようにして、膝下で固定して編み合わせていく。手には、水分をしめらせると綯いやすくな

木枠で編む

よこそを編む

る。コスリをかけ、ハサミでヒゲを切る。
　よこそ用の縄は、一方が一〇センチくらい長くなるようにして二つ折にする。そして、編み始めの部分を決める。これは、二本の縄の継ぎ足し部分が重ならないようにし、継ぎ目を美しくするためである。
　まず、よこそを編み始める端の部分から、よこそ縄をたてそ縄二本の下に通す。木枠を右手脇にしっかり挟んで固定し、作業をする。次に、縄を片方は左に、他方は右に向けておき、片方の縄を次のたてそ縄二本にかけて通し引き上げる。次に、もう片方の縄と交差させ、次のたてそ縄二本の下を通していく。この編み方を繰り返す。その時、口と底の部分をずらして、編み目が一直線になるように微調整する。この時、縄がはずれたり、ずり落ちないように底の部分となる縄と木枠の間にタケバリを打ち込む。そして、タケバリを打ち込んだ側面の木枠に丸竹を添え、ヒモで二カ所を結ぶ。
　再び、たてそを編んでいき、さきほどと反対の側面にタケバリを打ち込み、丸竹を添え、ヒモで固定する。よこその底の部分ができたら、編み目が揃うように微調整し、さらに、よこその底を編み返

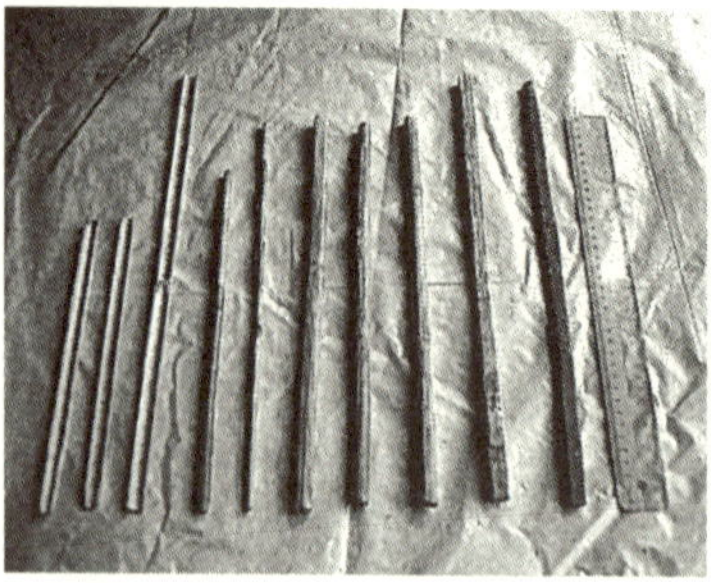
スゲ製作用具（丸竹、細板等）

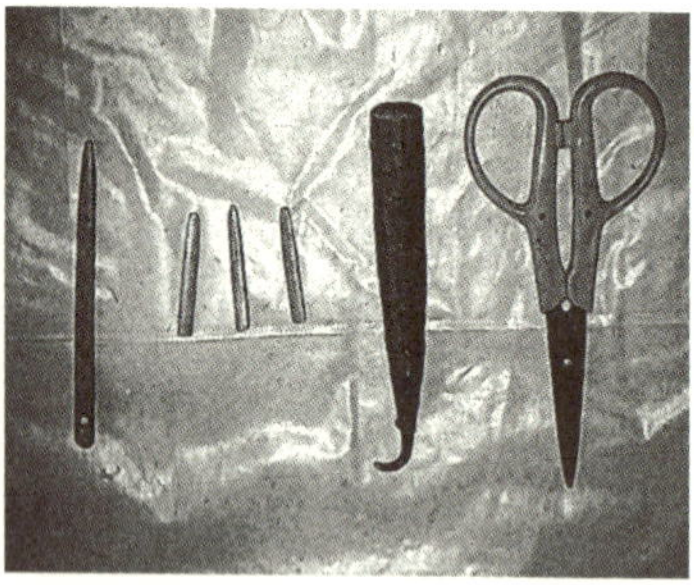
スゲ製作用具（タケバリ、カギボー等）

していく。次に、木枠と口の部分の細板との間に三本のタケバリを打つ。これは、編むごとに縄が締まるので後に丸竹を抜きやすくするためである。

⑦　よこそ（胴）編み

よこそ編みは、およそ一・五センチほどの間隔で、底の方から編んでいく。編み目が三十段くらいになったところで、タケバリを抜く。次に、編みがきつくなってくるので、編みやすいように口の部分の細板を抜く。さらに絢ったところで、口部分の丸竹を抜く。丸竹を抜くと、たてその縄がゆるくなるので、引っ張りながらよこそを編む。両面を編み終えたら、カギボーでひっかけて編み目を微調整する。

⑧　ショウゾクつけ

「テゴづくりは、ショウゾク半分」といわれ、ここまでの作業が半分で、このあと半分がまた、気配りの必要な作業である。ショウゾクは、テゴをより丈夫に保って長持ちさせるとともに、美しく仕上げるための工夫でもある。スゲ縄を五ミリから六ミリの太さに編み、それを二本作り、さらにそれを一本にしたものをヨツグリアミという。テゴの周囲に施すショウゾクの作業は、この太めの縄で編まれ、口、横、角（かど）の順に進めていく。

⑨ からい（背負い）ヒモづくり

ヨツグリアミの太めの背負いヒモを一本作り、タケバリを使ってテゴに取り付けると出来上がりである。肩の部分だけは、痛くならないように幅広くして帯状に編むこともあった。

テゴには、イノメテゴとアバラテゴがあった。用途によって、編み方を変えて作った。イノメとは、二本ずつでイの字に編むとかインノメ（犬の目）の形に編むことだといわれる。また、アバラとは、一本ずつで格子に編むことだと柴田さんはいう。アバラテゴが、粗目で、土つきの作物や大ざっぱなものを入れたのに対し、イノメテゴは、密に編まれ、

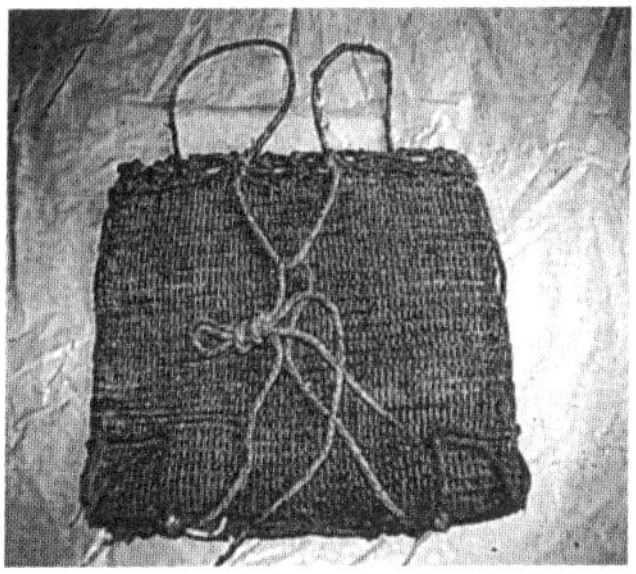

スゲテゴ

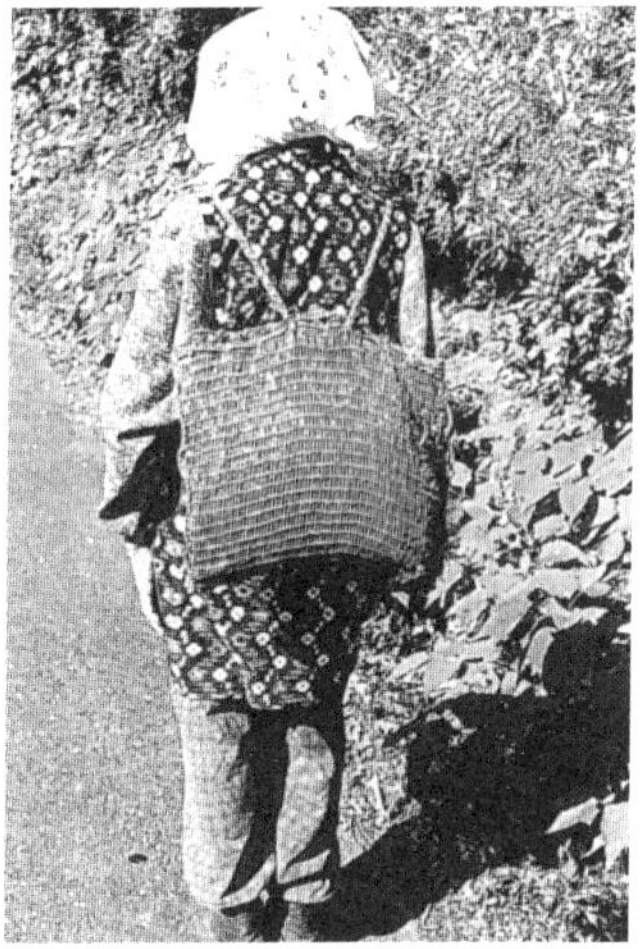

スゲテゴを背負う（西米良村）

弁当やヒエ、アワ入れなどに使われた。収穫の時、ヒエなどの穂が漏れないようにどっしりとして、丈夫に作られ、作業用の用具としては二十年くらいは使用された。小さめのテゴは、狩猟の玉入れにも重宝された。しかし、大切に作ったイノメテゴは、いつもは使わず、買物や人の集まる時、祝いやよいことがある時など、ハレの日に使った。この上に、柿渋や漆を塗ってより大事に仕上げることもあった。従って、ショウゾクの施しにもより繊細な手が加えられ、背負いヒモに色布を時に混ぜて美しく飾る女性ならではの細やかな心が込められた。

二　二つのテゴ製作から考える

(一)　素材の加工・利用

自然の素材が、いつ頃、どんな場所にあるかを人々はきちんと頭に入れておき、最もよい時期に家に持ち帰った。ツヅラカズラは、毎年伐(き)らないと、翌年よいものがとれないため、必ず伐った。伐ったツヅラは、陰干ししたり、湯に通して乾燥させたり、イロリの上に置いて乾燥させたりして、針金の如く固くして保管した。それを水に戻して使うという方法は、長年の使用によって蓄えられてきた先人の知恵なのであろう。スゲの保管についても、同様である。製品の美しさ、それはスゲの善し悪しによっても決まる。よい色を残すために、陰干しをし、日光をさけてビニル袋をかける。

また、湯で煮て白くきれいな色を保つ。何年おいても変色しないスゲの性質に着目した色の保存への思いがこの技術に生きている。

㈡　吊りと木枠の編みについて

これまでに、筆者が見・聞きしたわずかな例では、ツヅラテゴについては、五ヶ瀬町、日之影町、諸塚村、椎葉村、南郷村、東郷町、木城町などでは、丸型のものがよくみられ、西米良村、野尻町、須木村では、角型がみられた。時代や地域によって丸、角型が作られてきたのであろうと考えられるが、もう少し多くの事例をみてみないとはっきりしたことは言えない。

西米良村については、スゲテゴやコヨリテゴについても角型である。角型は、木枠を用いて編む。しかし、柴田さんの話では、スゲテゴは、父の編む頃は吊り式であったという。柴田さんが木枠による方式に変えたということである。スゲテゴは編むのに時間がかかり、吊り式の編み方の姿勢を長時間続けることは苦痛を伴うものであったという。吊り式から枠使用への変化は、作業のしやすさという理由もあげられる。

それでは、ツヅラテゴの場合はどうであろうか。これまでみてきたように、一本のツヅラで格子状に編む「普通編み」の場合、軽くて回転も容易な吊り式の編み方は、早くて編みやすいと経験者はいう。身近に使うものなので、多少の大小やゆがみがあっても、編みやすい吊り式で作る方が楽である。それならば、すべて、吊り式による丸型であってもよさそうである。しかし、地域によっては角型のものが多い。これはなぜであろうか。須木村では、商人がテゴを作って売り、人々がそれを求めて利用した。野尻町や綾町などの平地近くでも求めることがあった。販売用のものは、多く作るため、一定の形を持ち、丈夫で、見た目にも美しいということが必要となってくる。木枠を利用した角型のテゴは、その結果の所産であるとも考えられる。須木村では、以前は、角型のテゴを自給的に製作していたということであったが、次第に製作されたものを求めることが多くなってきたのであろうと考えられる。角型のテゴは、製作効率や丈夫さ、美しさを求めたことからうまれてきた新しいものではないかと考える。

(三) 編みと用途について

編みに入る前に大事なことは、素材を見る目と下準備の作業である。

素材であるツヅラカズラは、蔓の太さによって作る用具を変えることもあった。太いものはチャカゴのように背負い用の大きな用具を作り、小さい蔓はコシテゴを作った。また、細い蔓は底の部分に用い、太い蔓は口の部分に用いる工夫をした。材料をどう活かしてどの部分に使うかは、テゴの全体を決定する最初の判断である。

これに対し、スゲは、できるだけ細く裂き、できるだけ細いあみそ縄を作ることを心がけた。均一の太さになるように、特に、スゲの根元の太い部分は気をつけて細く裂いた。均一な素材の確保、そして縄への加工、これが仕上がりの姿に深く影響する。

また、編みには、間隔を密と粗に編む部分とがある。茶や椎茸を入れる丸型のツヅラテゴは、底の部分ほど密に編み、口に近いほど広く編まれている。むれを防ぎ、通風をよくするため、粗目編みである。普通編みによる蔓一本ずつの格子編みは、作業も比較的容易で、雨の日や夜業の仕事として作られてきた。

角型のツヅラテゴは、入れた物が漏れないように底が密編みにされている。底・中・口の部分が三様に編まれて、変化をもたせてある。丸型に比べて大きく、口の部分が広く、量的にも多く入る。角型のスゲテゴもその点は同じである。縦横が同じ長さで均整がとれ、二本ずつのあみそ縄による縦横の結びやイノメ編みと称する繊細で規則的に編まれた目の美しさ、そして、口、胴等各所に見られる変化に富んだショウゾク編みなど、仕上げまでには多くの時間を要したことであろう。

観点を変えてみると、テゴにはコシテゴと背負いテゴがあり、大きさにも違いがある。茶摘みや椎茸採りの際のツヅラ製のコシテゴは、比較的小さな丸型で腰に提げており、作業の際もスムーズに動ける。

これに対し、背負いテゴはやや大きく、中に入れる量も多くなり、遠くの場所からの運搬にも耐える作りになっている。口を広めにとり、角型のものが多い。アワ、ヒエの穂入れや、小道具入れのスゲテゴは、小さい形のものもあるが、腰提げと背負いが兼用できる便利な大きさに作られている。

遠くへの買物や行事等に背負っていくため、編みも丁寧で美しく仕上げられている。このように、テゴは作業の用途や運ぶ距離、使用目的などによって、さまざまな形に工夫され作られてきた。

おわりに

かつての生産用具の技術は、親や大人の作る様子を見よう見真似して修得された。多くの人によって製作され、多くの人が使用してきた生産用具は、山の素材の減少とくらしの変化により減少の一途にある。

しかし、山の恩恵を得て製作にいそしみ、確かな手先と勘や感に頼る自分なりの独特の力を身につけてきた人々は、現在でもその技術をしっかりと体で覚えている。それらの方々がくらしとともに培ってこられた技術を、私たちは学びとり、後世に伝えたいものである。このことは緊急を要し、その時期も今をおいてはないような気がする。

現在、スゲテゴの製作は、素材の減少と技術伝承者の消失により、姿を消そうとしている。そのような情勢の中で、積極的に後継者を育てようとする試みが西米良村役場の企画で始められている。宮崎県伝統工芸士である柴田ヲクニさんの指導のもとに、あみその綯い方、たてそ編み、よこそ編みを基礎として、スゲテゴの製作を各人が行う。柴田さんは、「始めはなかなかで暇もいるが、少しでもスゲテゴが作れる人ができればよいが」と、後継者が育つことを楽しみにし、熱心な指導をされ、その努力を惜しまない。スゲテゴは現在、かつてのように生産用具として作るよりも、工芸品として作る場合が多くなってきている。時代とともに、製品の役割や用途が変わってくることもまた自然なことである。

自然素材を活かし、加工して、必要なものに作り上げていく先人からの知恵、手細工や職人の伝統技術が、くらしの中で各地に伝承され、さらに広がっていくことを願いたい。

［参考文献］

1　『改訂増補牧野新日本植物図鑑』北隆館　昭和六十四年（一九八九）

2　『日向の山村生産用具資料編6』　宮崎県総合博物館　平成四年（一九九二）

3　ビデオテープ『スゲテゴづくり〜西米良村の伝承〜』　西米良村　平成五年（一九九三）

［協力者］（敬称略）

諸塚村　　藤本みどり、吉村タマヨ

西米良村　柴田ヲクニ

日之影町　甲斐哲雄

椎葉村　　中瀬　守・ケサヨ、椎葉岩蔵

木城町　　江藤　伝

綾　町　　北岡　隆

須木村　　夏田仲吉、鶴田勇吉

西米良村役場

写真提供　藤本かずよ

第四節　大淀川の漁景今昔

大淀川

はじめに

二〇〇二年初頭の大淀川の水面に、カモの大群がゆっくりと浮かんでいる。時折、水底に潜っては何かの餌を求めている。カモの見上げたはるか上流には、うっすらと浮かぶ霧島の山が見える。かつて長塚節によって、「朝まだきすずしくわたる橋の上に霧島ひくく沈みたり見ゆ」と詠まれた大淀川からの霧島山。その近くから、大淀川は流れを始めている。

鹿児島県末吉町に源を発し、都城盆地から野尻町、高岡町を経て、宮崎市に至り日向灘に注ぐ大淀川。全長一〇六キロ、百十二本の支流を集め、流れ流れて河口までたどり着くには、幾日を要することであろう。ゆったりとした水量、数々の深

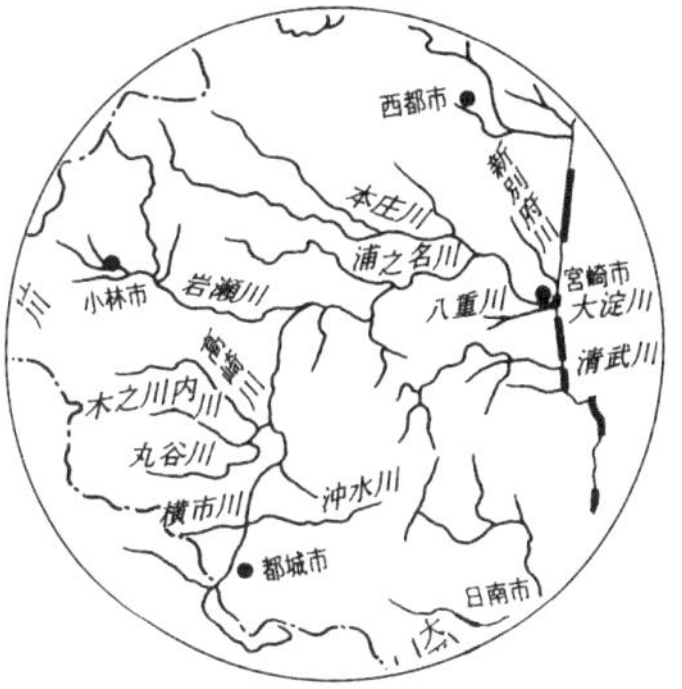

県内の河川と大淀川
（「宮崎県の河川と海岸」より）

みや瀬、急流等、変化のある自然風景の中で、魚種もまた豊富に育んでいる。

上流からの川のあちこちでは、農間余業として、また、楽しみとして川に親しんできた川にいそしむ多くの漁人たちの姿が見られる。冬から夏への季節の変化の中で、水面下に繰り広げられる魚たちの四季に、人々はどう反応し生活行動をとってきたのだろうか。自然に対する人間の向きあい方、それを川漁に生きた人々のくらしの側面からみつめ、聞き取りをもとに紹介したい。

一　通称須木川（岩瀬川、綾南川）――須木村　河野　重雄氏――

須木村（現小林市）の川には、コイ、ウナギ、ハヤ、ガニ、ウグイ、フナ、エビ等がみられる。しかし、以前はフナやエビは少なかった。また、アユもいなかったという。

川幅の狭い川岸を、魚を求めて歩いた。瀬のとまった大石の所には、必ず魚がくる。子どもたちは、重い石を石に落とした。大人たちは、それらの大石をめがけてハンマー（ゲンノウ）で叩く。下流から叩いて上がると、魚が浮いてくる。それをもう一人がタモですくう。大きい石だと、何回

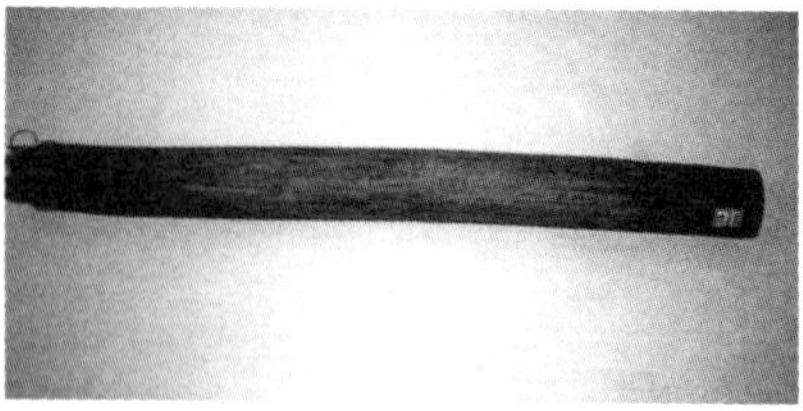

ウナギ筌（筒型）
（宮崎県総合博物館所蔵）

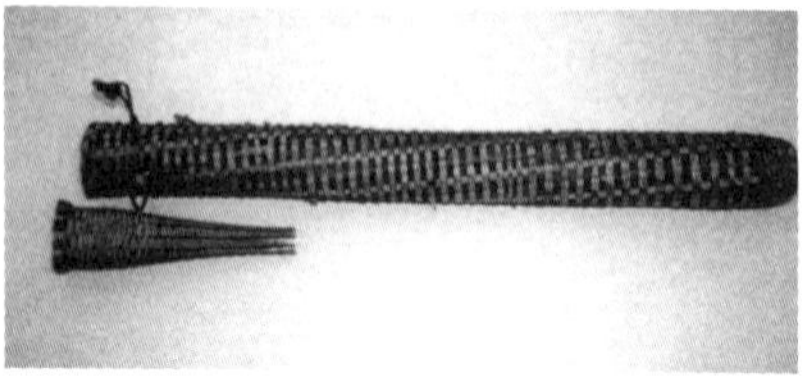

ウナギ筌（編み型）
（宮崎県総合博物館所蔵）

ゲンノウと石
（宮崎県総合博物館所蔵）

叩いても魚が浮いてくることもあった。谷川の一〇〇〜二〇〇メートルくらいの範囲で、この「石たたき漁」はなされた。

小魚をとるには、「ビンづけ」をした。海苔ビンやすり鉢の上面に布をかぶせ、真ん中に小さな穴を開け、底の部分にさなぎ粉やメリケン粉、あるいは味噌を入れて沈めた。これには、ハエやエビなどが入り、子どもたちは楽しんで漬けた。

ウナギは、竹のポッポをつけた。これには、編み竹のものや竹の筒の節を使うものがあった。また、七〇〜八〇センチくらいの削り竹の先端に針を結びつけ、カンタロウミミズやハエを餌にして深みに押し込む「穴釣り」も手応えがあった。このほか、「カセバリ」と称して、岸から投げた一本のもめんのひもに、二〜三メートル間隔に、深さ五〇〜六〇センチの位置に一本針を沈めて待つカセバリ漁がなされた。

カニもよく捕れた。ガニカゴは、一本竹のままを編むものと割竹を編むものがあり、一方を狭くし、手前にコシタ（カエシ）をつけた。コシタの入り口は丸く、先の方が絞られて一度入ったカニが戻れないように工夫された。石で堰を作り、その間にコシタを下流に向けてカゴを漬けた。

ケガニの季節になると、「ウッツキ漁」と称して夜突きを行った。明かりは、針金籠にコエマツを入れ、棒で吊したり、カンテラを用いた。鍛冶屋に依頼した五本ごのカナツキ（一〇九ページ参照）で突いた。この「ウッツキ漁」は、夏の夜に、箱メガネで魚を突くことや両眼のメガネで潜りコイを突く場合もこう呼んだ。

二　岩瀬川――小林市　荒巻　利行氏――

川へのいでたちは、アシナカをはき、バッチョガサや麦藁帽子を被った。本村の川漁は、川幅や谷の範囲が限られるためか、自給的・趣味の範囲の漁に留まっているが、昭和二十九年のダム設置以降、魚種にも若干の変化が見られる。

ウナギ漁

荒巻氏は、昭和二十二年から平成初めまで川漁にいそしんで来た。特に、ウナギ漁に関しては、毎日朝早くでかけ、また、夕方になると川に行き暗くなるまで川にいるほどの川通であった。

ウナギは、一年中漁ができる。一月から四月までの期間は、ハエナワやカセバリを用いる。五月から九月頃までは、竹筒製のツッポでミミズを餌にする。十月から十一月までは、ハエ、アブラメなどの小さな魚を餌にする。夏の頃は、二尺二寸五分の長さのツッポを使うが、秋には二尺五寸のもので丸さも太くする。大きく育ったウナギがよく入り、時には五〇〇グラムの大物も入っていた。コシタをシュロの毛でくくり、反対側には竹の栓をはめた。栓の水の通りがよいと、よくウナギが入ったという。

荒巻氏は、ツッポを毎日百本ずつはつけたという。ツッポつけは、午後三～四時頃に行う。薄暗い時にツッポをつける位置を見るために、竹筒に灯油と藁を入れたタイマツをかざした。揚げるのは、翌日の夜明け前である。しかし、雨の夜などは、水面を照らすと、八時過ぎにはもうウナギが入っていた。ウナギは、レンゲの花の咲く頃が大きいのがよく入ったという。

餌には魚の切り身を使った。丸竹の節に穴を開け、切り身をつけた針の糸を通し、それらをまとめてズボンのベルトにつけた。

十二月に入ると、ハエナワを漬けた。一方の端を木の枝や二〇～二五

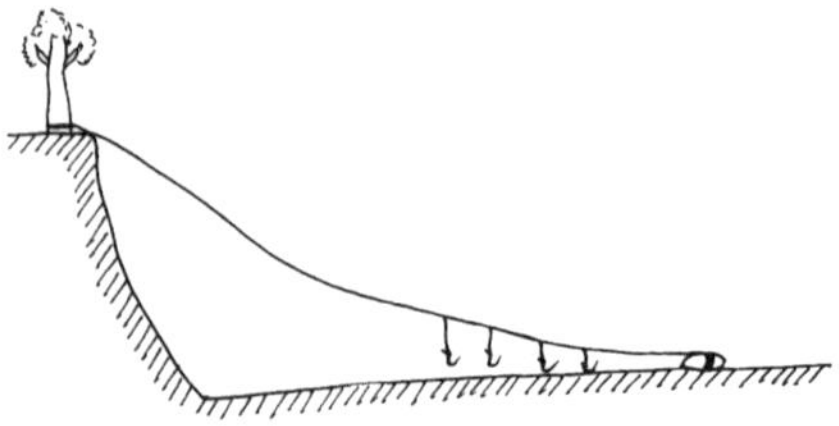

ハエナワ

センチのひょろ長いもと石にくくりつけ、五〜六尋（七〜八メートル）の枝縄に等間隔に五〇センチの深さに針をつけた。先端は、うら石と呼ぶ重りの石にくくって沈めた。また、針を一本だけつけたカセバリもつけた。粗ひもの片端を岸近くの木の枝や石に結ぶのは同じであるが、親糸をおよそ一尋の長さとし、その先に細めの糸を六〇センチほど結び針をつけた。とれたウナギを入れるには、木枠の外側を金網張りし、上の面をビニルで覆った箱を持参した。準備には、歩くだけでなく舟も使った。

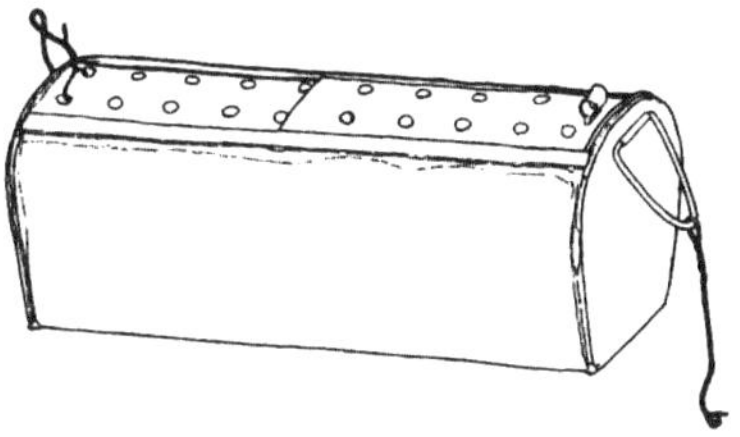

オトリアユイカシカン
（「日向の山村生産用具」資料編３）

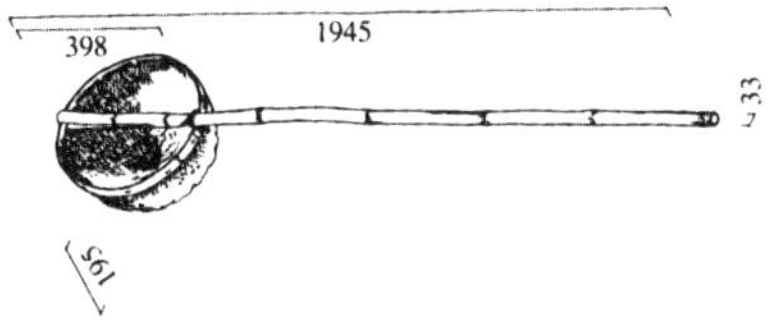

すくい網（タモ）
（宮崎県総合博物館所蔵）

アユ漁

猿瀬の辺りから、たんのきや岩瀬にもアユがいた。かつては、堰止めがなかったが、陰陽石の辺りまでが限界だった。アユ漁法には、オトリガケ漁やカラガケ漁が多くなされてきた。この漁は、十月から十一月の頃、落ちアユを懸けるものである。カラガケは通称コロガシのことで、瀬の石底のある流れに針を流して引っかける漁である。釣ったアユを入れる用具は、節竹で作ったイカシカンに錐で底や側面に幾つもの穴を開けたもので、イカシカンといった。イカシカンは、ひもをつけて水面に流すようにし、水の入れ替えがよくできるようにした。

このほか、流れに段差がある場所では、水面をはねるアユをすくう網漁が行われた。昭和四十年代までは、放流を目的として岩瀬橋の下にもつけられていた。細い鉄棒で枠をつけた箱の底に網をつけ、滑車で降ろし、しぶきの上がる水面ではねたアユをとる方法もあった。この漁法は、県内の河川の上流でも、淵近くの水煙の中ではねるアユを網ですくう漁の事例が一ッ瀬川や小丸川等でもみられることから、本河川でも放流目的以前から行われていたことが推測される。

コイ漁

岩瀬川には、コイが多くいる。最も簡単な方法は、カセバリである。弾力性のある短い竹や小石に糸を結び、一本針に餌をつけて沈める。餌はサツモイモや練り餌を団子にしたものである。特に大鯉をねらう時は、餌にも心を配る。芋は形がくずれないように、ひもで縛って蒸す。冷やしてから、ひもをとり二～三センチの角に切る。そのあと陰干しをする。甘酸っぱい香りがし、つまむとやわらかな飴状になる。固めについて団子状にしたものをつける。

次に、バクダン釣りである。この漁法は、できるだけ遠くまで飛ばせるように、鉛をつけ、その四〇～五〇センチ先に五本一組の針をつけ、餌に埋め込んで投げ込む。手元は、二股の枝に懸け、鈴をつける。これだと、川幅によって四〇～五〇メートルまでは調整できた。

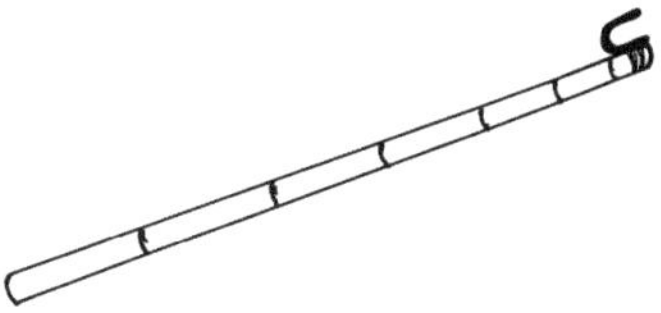

コナシ棒

また、竹竿による一本釣りも行われた。竹はコサンチクを使い、鉛と針の間を二〇センチほどにしたが、この間が短いほど当たりが強いという。引きが強く、揚げるのに手のかかるコイを引き寄せるのには、一尋（およそ二メートル）くらいの竹の先にU字型の針金を結びつけたコナシ棒を使った。

網を使う漁も、人と魚の知恵の対決をみる思いのする興味深い漁法である。餌づけ漁と称されるこの方法は、前述のバクダン釣りと同じであるが、餌にイネの穂やアワの穂を使うことが特異である。秋も深くなり、稲穂が実る頃は、コイも大きく成長する時期である。釣り糸はシュロ縄を使う。二～二・五メートルの長さにし、先端に穂の束をつけ、針はつけない。コイは音や声に敏感なため、コイを求め夜を徹してじっくりと静かに待つことが多かった。鈴が鳴ったら、とっさにトアミを打つ。穂のかじられ方から大きさを判断したり、穂を引き寄せてコイを感じ取るなど、川と網に経験をもつ人の醍醐味ある漁である。

このほか寄せ網を使っての漁もみられる。岩や深みのある所にいる魚を追い出し捕りやすい所に追い込んでカナツキで突いたり、トアミを投げたりした。八～九月の暑い頃には、二本ごのカナツキを持って潜って突いた。寒くなると、一尺五寸（四五センチ）くらいの銛で突くナゲボコを行った。この網には、ウナギやウグイ（イダ）も入った。

その他の漁

上流では、ヤマメやハエ釣りが行われた。ヤマメ漁の餌は、ヒラコがよい（オニビラコはだめである）。浜の瀬川を木浦木辺りまで行くには、前日から餌の準備をした。竹のエサツボの一番下に、半湿りの砂を入れ、ヒラコを四〇～五〇匹入れ、その上に川苔をのせた。寒い時は、ユルリの端で保温した。ハエは、鶏の赤や黒の羽毛を針の上につけて釣り、名人と呼ばれる人が多くいたが、今は禁止されている。また、カニやエビ、ハエなども捕った。アブラメは、水のきれいさを示す手がかりとなる魚である。

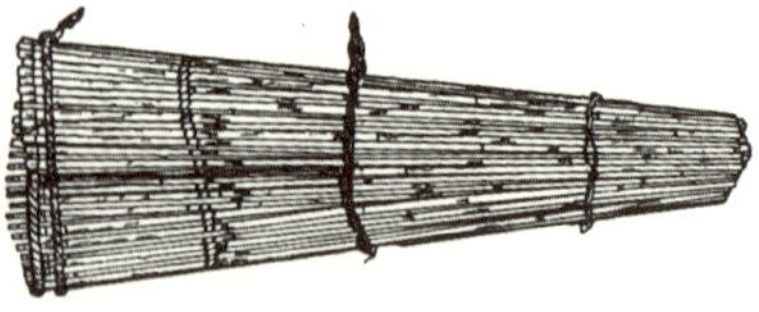

筌（「日向の山村生産用具」資料編３）

サカウケ（「日向の山村生産用具」資料編３）

昭和四十年代まで、筌漁がみられた。岩瀬川との合流点近くに、ニガタケの一本竹をフジカズラで根元を縛り、中ほどを編み、先端を径五〇～六〇センチの丸さに編んだ。堰を設け、夕方に漬けて、翌朝一回だけ引き揚げた。底の方に流れ柴が詰まり、揚げる時に、柴の中から魚がはねて出てくる喜びがあった。

カニは、モクズガニが多くいた。漁は、ガニカゴと呼ばれる竹編みの筌籠を漬けた。九月下旬からの漁には、カニをはじめ、スッポン、コイ、フナ、ウナギなどが入り、何が入っているか引き揚げる楽しみがあった。川の幸に恵まれ、朝に夕に捕る楽しみに時を過ごして来た川も、現在では、守り育てることに重きを多くことを必要とする時代となってきている。

三　庄内川、沖水川 ―三股町　高橋　義忠氏―

高橋氏は、水のきれいな川で育ち、現在も楽しみを持ち続けて釣り竿を手に川に立たれている。きれいな川にたくさんの魚が棲む夢を追いつつ、漁協での放流や川環境施設の整備やクリーン活動を進めておられる方である。氏のお話には、これまで川とともに楽しみつつ過ごした人々の今昔の姿をほうふつとさせる興味深いものがある。

ウグイ漁

三股町の沖水川では、ウッバ漁と呼ばれるウグイの漁法があった。「ウッバ」とは、語源は不明だが、当地では、春三〜四月のウグイ（以下イダと記す）の産卵時のことをいう。産卵は、浅瀬の川底の小石を鰭（ひれ）や尾で起こして苔のついていない部分に産卵する。漁好きの大人たちが、「もう三月に入ったかい、ぼっぼっ、ウッバが付っ頃じゃっど」と言いながら心待ちにしていた。ウッバは、魚たちの好みの場所もあるが、別に人間の作ったかっこうの所が何カ所もあった。

かつては、現在のように道路が整備されてなく、川向こうに田や畑を持っている人は、浅瀬の渡りやすい所を荷馬車（馬が曳く四輪車）や車力（人が曳く二輪車）で肥料や収穫物を積んで往来した。このことで、川底の石がひっくり返ったり傷つけられたりして苔のつかない部分が多くなり産卵しやすい状態が生じる。昔は、漁好きの人でも金持ちでないと投げ網等は手に入らなかった。それで、竹でウッバを叩いてとった。「ホラッ、イダがついたど。イラサで叩けっ」と言いながら叩いた。

三股では、コサンチクを伐って葉を落としたものを「イラサ」と言い、主に、キュウリ、エンドウ豆等の支柱に使う。浅瀬に真っ黒になるほど寄ったイダを力一杯イラサで叩くと、何匹かのイダが死ぬ。残りは全部散ってしまうが、小一時間も待っていれば又元の場所に戻ってくる。それを又叩く。そのくり返しで収穫は十分であった。

（高橋氏のお便りより一部修正）

イダ釣りの餌は、練り餌である。何種類もの餌を混ぜて作ったものである。冬のイダは、身が縮まってうまいという。冷たい水の中で餌も多くとっていなく、成長に時間がかかるが、身が締まっているという。イダは、夏は瀬釣り、冬は淵に行けばよい。水が少なくなると、淵に集まる。場所によっては、水中に潜って突くこともあった。昔は、大水が出ると岸がほぐれ、あちらの岸こちらの岸に大きな石がひっくり返り、その大石の下に潜ると、薄暗い中にぼんやりと白いイダの影が見え、それをめあてについたものだった。昭和三十年頃までの沖水川は、人工河川ではなく、セメントブロックの沈礁があった。大水で下がえぐられた後に、大きなガマ（深い穴）ができた。このガマに潜ると、中は二メートルくらいあり、大きなイダを見つけた。銛を向けると、イダが引っ込む。出てくるのを待って銛を向けると、また引っ込む。その頃、氏は一分二十秒ほどの潜水力があったという。もうどうしても我慢できない、しかし、魚もほしいという時は、水を一口飲むと、また四、五秒続く。三口も四口も飲んで我慢し、ついに大きなイダをしとめてバックして上がった。上で待っていた人が、命を落としたのではと真剣に心配するほどの時間が過ぎていた。まさに、とることに全てを忘れて魚を追うことにかける命がけの戦いであった。

ハエ漁

庄内川関之尾滝の下流では、現在もハエがよく釣れる。四月の水がぬるむ頃になると、高橋氏は長年の勘で、ハエ釣りの適日を感じるという。肌持ちという言葉に表現される身体でポカポカと温かさを感じる日、空模様は薄曇りがよいという。また、水量も多過ぎず少な過ぎずで、五月頃にはよい状況となる。梅雨が過ぎた頃、水辺に小さな虫が舞っている頃は、最高に釣れる。四月中旬に始め、大量の日は百匹を超える。ハエは、大きいもので一五センチ、小さいもので一〇センチくらいある。浮きが見えなくなる頃が一番釣れる。

氏は自分では魚は食べない。しかし、自らさばくことは得意で、ワタまで出して人に配る。配られた人が、「料理して食べる時には、唐揚げが最高にうまい」とおいしい食べ方を教えてくれた。ハエのよく釣れるのは、夕暮れ時から遡って二時間くらいの頃である。毛針だと、水面に虫が飛んでいる頃が最もよい。竿は、弾力のあるものがよい。針には戻しがついていないため、柔らかさや弾力がないと魚が落ちてしまうからである。釣った魚がピュッと飛んでくるのをタブで受け止める時、すぐにはずれるのも戻しがないからである。はずす時間もかからない。

浮きは、手製である。川の状況をみて、作るのが一番よい。緩やかな流れの時には軽いものを、速い所は、水をはじき浮くものがよい。「毛針の色は、季節によって変えた方がよい」と言った年配の人がいた。「春は、菜の花の黄色、秋は紅葉の赤がよい」とも言われた。しかし、やってみたが、そうでもなかった。一年通じて、色は変えなくてもよい。要は、水の上かすれすれの水面をいかに浮かすかということのようである。水面からの距離が同じになるように、数本の針の長さを次第に変えていく方法も試みた。浮きを投げるのは、人から遠い対岸のほうがよい。

川の状態が、大きな波のある一メートルくらいの瀬のほうが、大きいのがいる。水の少ない浅い瀬には、魚も小さいものしかいない。例えば、ゆったりと流れる瀬の入り口が大きいが、瀬の所はそれほど大きくなく、その下流側の深い所にはまた大きい魚がいるということが多い。よい釣り場は、みた瞬間に釣れるということを実感する。五十年間を岸辺に立ってきた氏の経験によるものである。地元では、魚釣りが好きでたまらない熱中人のことを、「イオトリガメ」という。氏は、自らも「イオトリガメ」と自認する。

鵜縄漁（ウナワ漁）

かなり以前には、沖水川ではこんな漁も行われた。川の両端に二人がウナワと称する縄を持って立ち、上流から下流へと歩いていく。手にした縄には、シュロの葉をさげ、交互に引き合いながら魚を脅して追いこんでいく。追う人を勢子（せこ）と言い、下流にはもう一人が網を仕掛けておき、追われてきた魚が入ると網を閉じた。網にかかる魚は、特にハエが多かった。なお、地形をみて、下流から上流へと追う方法もなされた。

寄せ網

また、深い広い淵では、外側を目の細い寄せ網で囲い、ある範囲に寄せた後投げ網を打った。網で捕り終えた後に、高橋少年の大事な役割があった。投げ網を打つと、かなりの魚が石の中に入る。この魚は潜って突くのが最高である。「腹がきつかっど、とれよ」（腹がたつけれど、お前があとはとってよいぞ）と、おじさんたちの許しが出る。「はいっ」と言って潜ると、大きな魚がいる。潜るたびに網に入った魚より大きなハエをついてきた。

四〇～五〇センチものを何匹かつくと、「お前がだれるから最後まで待つわ」といって、寄せた網を揚げずに待っていてくれた。その間、大人は持ってきた味噌や焼酎を出してくる。「アシナカをもってけー」と声が飛ぶ。アシナカの裏でハエのうろこをとり、ワタを出して酢味噌をつけて焼川原でみんな集まって焼酎を飲む何とも楽しみな時間、……上等でのどかな風景がそこにはあった。酎を飲んだ。その間が、潜りの貴重な時間であった。大人たちが子どもを育てる温かなつながり、

ヤマメとり

以前は、川を歩く時は滑らないように地下タビをはき、その上に五～六回縄を巻いて石の上を歩いた。今は、カワノリも少なくなり、滑ることはなくなってきた。餌も虫も減った。ヤマメもあまり大きくならない。三股町の川の途中に、絶壁で淵になり、人を寄せ付けない場所がある。そこはヤマメにとって、天然の養殖場となり、大きな魚が育った。その魚をとるには、大雨でそこから出てくる時を持つしかなかった。

ヤマメは、当地ではマダラという。三十代の頃のある日、請われてマダラ突きに二人で出かけた。そこは六メートルくらいの深さの堰堤で、マダラの多くいる場所であった。潜ってしばらくしてから、尺二、三寸で幅がマスのような大きなマダラを突いた。一本銛に刺した獲物を見て、フンドシ姿で岸から見ていたもう一人が、待ちきれずに泳いできて、「とった、とった」と嬉しさのあまり声を上げた。その後、川に火入れを持ってきて火を焚き、とったマダラを何匹も塩焼きして食べた思い出が残る。川の楽しさを思い起こさせる光景である。

マダラの突き具は、竹の筒をくり抜いて溝を作り、鋼でできた蚊帳のスポークで先端を銛にし、手前を直角に曲げた銛を中に通す。竹の節を利用して鈎をつけ、ゴムをかけて手前に引き、ゴムの

バネを反動にして銛を発射させた。一本ヤリは、真ん中に当たるように狙うが、なかなか難しい。端の方に当たると、身が切れて逃げてしまう。頭を狙う方法もある。頭を狙うとすぐ死ぬ。コイの相当大きなものも頭部をつく。突くと、ゴトゴトゴトッと手応えがあり、その手応えが何とも言えない。しかし、一、二キロもの重さのコイでも、頭部を突くと、コトリとも音をたてず、即死していることもある。

深い所では、泳いでいる魚は突けないので、石の下や藪の下などにかくれているのを突く。魚がたくさんいる時には、マダケやモウソウチクなどの割竹を入れる。割竹は、一・五メートルほどの長さに玉切りし、縦割りにし、三十～四十本準備する。魚のいそうな場所に外側から手前に来るように、投げ込む。段々入れていくと、魚は竹のキラキラする白さに恐れて石の下にかくれる。キラキラする割竹でおどして寄せる方法である。この方法は、網漁の際、広すぎて網の範囲まで魚をもう少し寄せる場合にも使われた。

また、昭和三十年代には、八月頃、夜に行う「夜ぼり」で、アユの網漁をする人がいた。これは、人から聞いた話であるが、川の上流、下流に網を張り、水中電気をつけて潜る人がいた。アユは光におびえて、ビューッと逃げ、網に頭を入れ込んだ。三〇センチ級のアユが、一回で八十匹もかかることがあり、網からアユをはずすのに一時間もかかるほどよくとれたという。これも、おどしによる漁法である。現在では、梶山までアユは上がってこない。夜ぼりは、ガス灯をつけ、三本ご、四本ごの銛があり、魚の眠る習性や浅瀬に来る習性を知って出かけた。

コイのほか、フナ、ウナギ、ナマズなども突いた。ウナギは、「頭隠して尻隠さず」の感がある。上から見ると焦げ茶色だが、横に寝ると腹が白いのですぐにわかる。眠っているところを、真ん中を狙って刺す。どこを突いても銛に巻き付くので、捕りそこないが少ない。昔は、タイマツを使った。マツの根のあぶら分の多い部分を青竹のモウソウチクの先端につけた。また、一・五メートルほどの長さの竹の節に石油を入れ、その上に藁を詰めた石油タイマツも使った。稲荷下にあった隧道は、一〇〇メートルの距離があり、一人がタイマツ、二人が直径およそ一メートルのセドリアミを持ち、石油タイマツを掲げ三人組で歩いた。暗くなり始めると、タイマツを傾ける。すると、再び藁に石油が浸み、明るくなった。こうして、ナマズやコイなどをすくっていった。

その他の漁

三股町の上流にも、モクズガニがいた。昭和二十年代にも、大きなものがいて、潜ると時々見かけることがあった。稲が熟して頭を下げる頃、カニは川を下り始める。現在、少しずつ放流を試み、次第に増やそうとしている。

ウナギは、ツツウケの筌漁である。竹製のツツウケとカセばりで捕る方法がある。ツツウケの餌はハエを使う。竹ヒゴにハエを挟んだり、石に結んでツツウケに入れておき、下流に返しを向けて沈める。カセバリの餌もハエである。一本の糸に一本の針をつけて沈める場合と、延縄方式に長い糸に何本も針を下げて沈める方法があった。ウナギは、湿り気があれば相当上流まで上る。堰堤の壁をヘビみたいに登る姿がみられる。夕方つけて、朝早くあげる。ウナギ漁は、夏が主で冬はあまり見ることがない。

ナマズは、主に潜ってとった。田には、川からの魚が入ることがあった。現在はそんなことはなくなったが、昭和十二、三年頃までは、堤防が切れて田に水が入ることがあった。土手にはガマがあり、手を入れると大きなナマズがとれた。稲水を落とす前や田に水が入らぬ堰の溜まりに、魚がピチピチし、アップアップしていることもあった。子どもたちは、学校から帰ると、カバンを投げて田んぼや川に遊びに走った。バケツ一杯に魚がとれると、大喜びした。また、タニシもいて、持って帰ると夕食のおかずとなり、家の人から喜ばれた。

ヒビカゴ（宮崎県総合博物館所蔵）

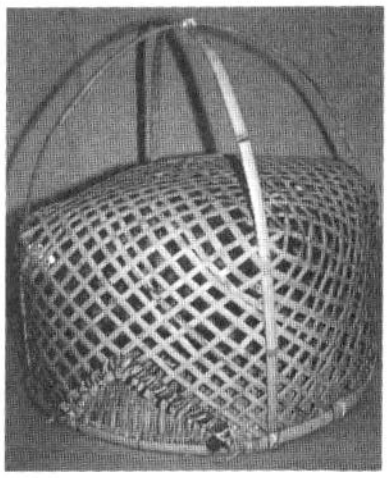

ガニヒビカゴ

イダヒビ
（宮崎県総合博物館所蔵）

モクズガニ

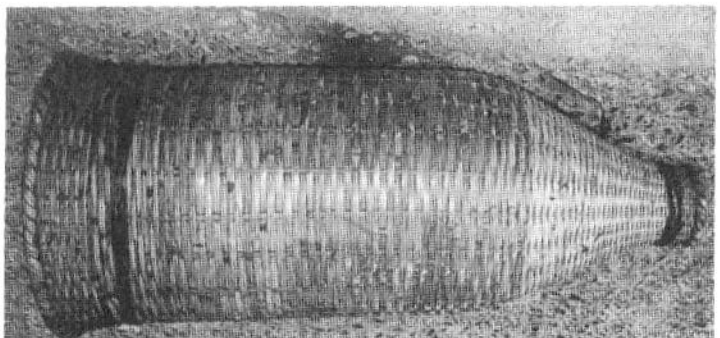

ガニカゴ

川がもたらす幸は、自然に育まれた子どもの生活の姿やたくましさを育てる大きな宝であった。現在、沖水川では、ウナギやカニの放流が行われ、これからの川への楽しみを育てる試みが進められている。川の良さを体いっぱいに体験した大人たちが、その思いを環境と文化の形に残そうとする子どもたちへの大きな贈り物である。

四　本庄川――国富町　川越　美稔氏――

川越氏は、長年本庄川に朝晩立ち、季節とともにその流れをみつめてきた人である。特にアユ漁には豊かな経験を有し、気温や天気、水の色や動きにより漁暦の組み立てができる川通である。春ともなれば、桜見の会場で、ドラム缶に炭をおこし、アユを焼いて人々に笑顔でふるまう川越氏の姿がみられる。川越氏には、とる楽しみとともに、人々に川の幸と川のよさを届けることに生き甲斐をもつもう一つの人生観がある。

本庄川は、綾北、綾南両河川を受け継ぎ、清流を大淀川に送る。本流と小川には、アユをはじめハエ、ウナギ、カニ、エビ、コイ、フナ、ウグイ（以下イダと記す）、ゴモ等多くの魚が生息する。小川も水がきれいなため、ナマズやフナが藪の下に潜む。夏には、小川を堰き止めて、水を汲み上げ魚をとった。また、メガネをつけてガマや深みの下に潜って突いた。ドジョウやシジミもいた。また、田が増水後、泥を足でなぜていくとカラス貝が当たり、とる楽しみがあった。

三〜五月にかけては、ウメイダ、サクライダ、フジイダ、ササイダと呼んで、季節による花や葉の変化とイダの生長の違いを観察した。サクライダの頃は、桜肌で色もよく赤みがあり、一番大きくなる頃であった。フジイダの頃になると、色もややあせて体型もやや小さくなった。現在でも、本庄川には毎年イダの産卵する場所がある。県内では、イダを高級魚として食にのせるところがある。とれる時には、カルイカゴに入りきれないほどたくさんとれ、人にあげるまで活かしておくこともあったが、料理の仕方次第ではおいしいという。三枚におろし、皮をはぎ、アバラをおろす。フライにし、黄身になるほどあげると味も良い。

アユ漁

六月一日は、アユの解禁日である。しかし、昔は解禁はなかった。アユは、小さいうちは毛針でかかる。小さい針ほどよく食い付く。この小さいアユが今の四、五倍はおり、天然物として育っていた。毛針は購入したもので、毛のきれいな小さな針がかかりがよく、子どもから大人までほとんどの人が釣っていた。小さなアユは、増水時には、群れることがあり、ムラと言った。「ムラになっちょる」と言いながら、下流に向けて両手を押さえて待っていると、入ってくるのでそれを摑んでとることができた。

また、竹の笹の葉を落とした枝で、水面を叩いてとった。量は少なかったが、何度かすると結構とることができた。アユは、本流の流れのよい所を泳ぐので、小川につける筌には入らなかった。

アユ釣りの方法には、チョッポンと友釣りがある。チョッポンは、県内ではコロガシ、バクダン、チョップンなどいろいろな呼び方がある。おもり（鉛）の先に、二本組の針を七段つけて瀬を流し、泳いでいるアユをかける。おもりは、瀬の速さや深さによって調整する。竿の先から三、四本の針が下がるくらいが、みち糸のちょうどよい長さであり、かかったアユを寄せるにも都合がよい。この釣りは、音や流れる様子等によって土地土地で異なった呼び方がされる。また、友釣りは、おとりのアユを使い、なわばりを守る習性を利用して脅しにきたアユをひっかける。おとりアユのヒレには、針をつけた糸を結ぶ。糸は長すぎると、アユを傷つける。その位置は、鼻かんを通すこともあったが、アユが早く弱るので今はひれに通す人が多い。大淀川本流では、季節になると、友釣りをする多くの人々を目にする。

旧来の伝統的な漁法として、ヒッカケがある。長さ一尋の竹の先端に、針を二本針に縛り、研いで細い竹の先に固定する。細竹の先にひもをつけ、ゴムをつけて元竹に結ぶ。細竹は、元竹に差し込む。スイガンをつけて、水面下のアユをひっかけ

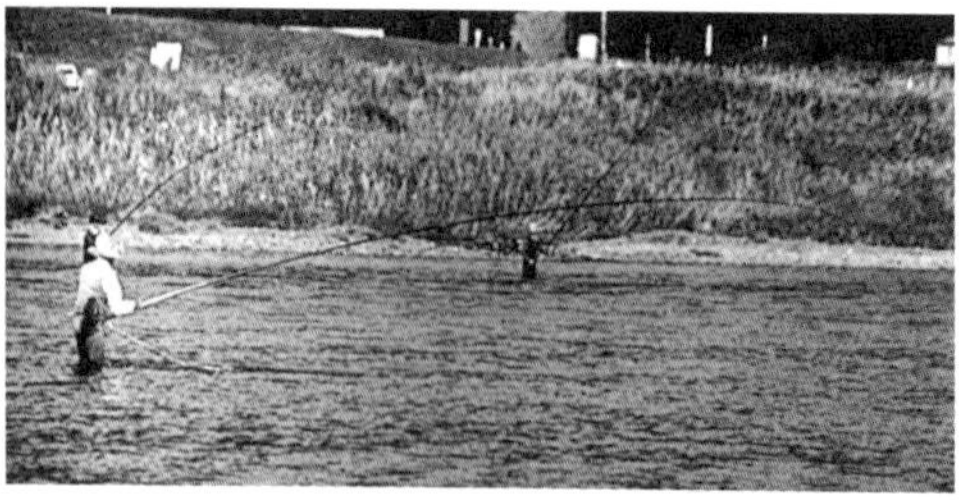

友釣り（高岡町 大淀川）

オトリアユの針のかけ方

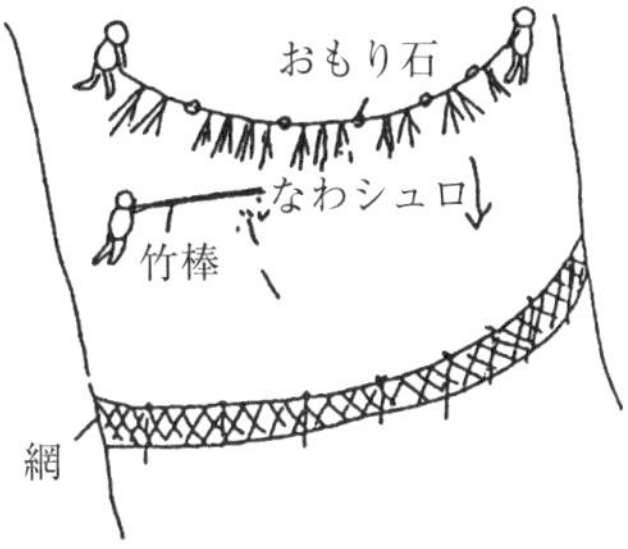

追い込み漁

スイガンとヒッカケ

る。かかると、前部の竹がぬけ、ゴムの弾力によってアユが泳ぐ形になる。ヒッカケは、どこをねらい、どの瞬間にひっかけるか、水中での勘と技術を要し、経験がものをいった。終戦後には、かなりヒッカケが行われた。一回の漁で五十～六十匹を手にすることもあった。

また、ヒッカケの方法として綱引きもなされた。これは、川の両端に俵綱を引く人が立ち、下流から上流へと歩く。俵綱にはワラシビを四、五本ずつ等間隔につけ、その間に長石を直接結びつける。一尋間隔くらいに石を結ぶと縄が重みで沈み、水面下でゆれる。それを上流からひっかける方法である。かけ手が六人くらい、引き手二人の六ないし八人一組での漁である。追われてきたアユ、下ろうとして縄に出会い、トットットッと引き返してくるアユが目の前にくる。かつては、どれをひっかけてよいかわからないほどの魚がいた。はずしたと思ったら、狙ってないものがかかってくることもあった。アユは縄をこわがり、それでも下ろうとして縄を越えるものもあった。今でも当時のアユの多さと楽しかったことが、思い浮かぶという。縄は、上流から下流へと引くこともあった。サカオロというのがそれである。「ここは、サカオロがいいぞ」といって、その場で判断した。

アユは、上流から下流へと下る。しかし、上流から縄を引くと、アユは驚いて逆に上る。それをスイガンをつけてひっかけた。スイガンには、丸い鼻の出るものと箱形の顔を入れるものがあり、自分に合うように手作りした。一日中暗くなるまでひっかけは続いたが、アユがつきることはなかった。俵綱は、二人でやっと担ぐほど重く、河原まで運ぶのにも苦労した。何回も使ううちに縄が切れることもあり、「(アユの)回りが悪くなったぞ」と言われて気づくこともあった。

分配は、綱引き(の人)が最も少なかった。かけ手五引き手一の割合のもらい前で魚も小さかった。アユはまた、鵜の鳥を恐れ、飛んでくると石のあちこちに首を突っ込んでいることがあった。また鵜に似た黒い布を恐れるため、おどしとして使われることがあったという。

アバ漁(本庄川)(吉鶴信男氏撮影)

このほか、昼には建網を入れ、その中に入りヒッカケでとることもあった。また、夜に火をともし、網で淀(深み)に寄せてから舟から投げ網を打つ漁も行われた。アユが火に弱いことを利用した漁法である。中には、夜に潜って、淵に入ったアユをカナツキで突く人もいた。

網　漁

綾川や高岡町の大淀川では、アバ漁が行われていた。西から冷たい風が吹く頃になると、落ちアユが群れをなして下り始める。それをすくう漁である。

川に杭を打ち、魚道、舟道を確保し、竹柴で堰を作った。アバ漁の小屋は、川中に藁で葺いた三角形の小屋で、アユの下る時期に作られるもので、「泊まり小屋」とか「トンビ」と呼ばれた。小屋の前に杭を打ち、幅一メートルくらいの間を水が流れるようにし、アユの下りがわかるように流路に目印の石を敷く。普段はこの水路は閉めておき、利用する日だけ水路を開ける。風のある雨上がりの時が、よい条件の日である。小屋にすわり、タモを沈めたままじっと待つ。アユが群れて下る瞬間にさっと網を上げる。一度下った魚が何匹か通ったあとを確認したら、網を一度あげる。そうしないと、下ったアユが網の上流に戻り、あとのアユが全部上に上がって下って来なくなるからである。あげるタイミングのむずかしい漁である。綾北川では、大きくなったアユを「綾太郎」といい、何匹も勢いよく入ってきた時には、バランスをくずすこともあったという。

九月から十二月の時期に許可されている伝統的な柴堰漁は、現在、国富町より下流で行われている。杭を打ち竹柴で堰を作ることは、青ものを嫌うアユの習性に目をつけた漁である。産卵のため、下ろうとするアユが柴堰で止められ、その近くを回遊するのを、カタテナゲサシアミを打ってとる。

アユは、朝の日光が上がり始める頃がよく動きとれるという。水のきれいな近くの川底の石には、産卵された卵がついており、自然の孵化がなされる好い環境にある。

網漁は、限りなく魚を捕獲できる。そのため、網使用の期間や種類に制限を加えている。現在、一人の使用できる網は、五〇メートルの長さを二本まで許可されている。本庄川では、川幅が広いのでそれでは足りないが、漁人のそれぞれの工夫がある。網一反（約一〇〇メートル）を、二つに切ると五〇メートルもの、三つに切ると三〇メートルものとなる。片手投げの網は、一反から四本分とれる。魚が少ないほどよい網を使う。刺し網は、伝統的な漁である。

投網（大淀川）（吉鶴信男氏撮影）

立て網

フリ網

増水時に用いる敷き網にフリ網がある。柴堰のある近くの堰堤から、大きな網を敷き込み、時々揚げる。堰の近くにきて障害物にあって回る魚をすくった。川を下るアユをはじめ、ウナギやガニなどいろいろな魚が入った。魚が網に入ることを「魚がのる」といい、多い時には、一度に二十から三十匹ものった。フリ網を持って堰堤にずーっと人が並ぶこともあった。天気が安定して風が出る日がよく、寒いほどよく、雨次第水次第の漁であった。

ウナギ漁

ウナギは、ヨシが一五センチくらいになるとよいと言われる。竹籠製のボッポには、編み竹と筒竹のものがあった。直径およそ一二センチのコスタを入り口につけ、中にミミズを入れる。大きな筒竹のボッポは、石の大きい淵に持って行って沈める。このボッポは、大きなウナギが入るので、小さい籠製のものは役に立たず、大きな竹筒を沈めた。八月から十月までは、アユやハエを使い、生き餌として二、三匹を生きたまま入れた。大きいウナギが四、五匹も入ることもあった。ボッポは、堤防状に蛇籠を沈めた辺りに沈めた。七、八月になると、ビニールパイプを沈める方法をとる人もいた。パイプの両端を開けておくだけで、餌はいらなかった。しかし、上げる時にどちらからでも逃げるので、要領を必要とした。先ず、下手から押さえ、次に上口を押さえる。せっかくの獲物を逃さないように慎重に行った。

橋の下近くにある古堤防の近くの大石がある所では、ガマ釣りをした。撒き餌にアユの腹わたを揉んで入れると、ウナギがぞろぞろと頭を出してきた。そこに一ないし一・五メートルの竹棒の先に針をつけ、餌がはずれないように絹糸で巻いたアナヅリを差し入れると、太いウナギが食い付いてくるのをひっかけた。

実際にそれをした人が現在ではあまり見られないが、かつては行われていた漁法として、センツナギの捕り方がある。これは、ミミズを次々につなぎ、ある程度の太さにまとめ、底を流すとウナギがついてくる。それを底からタモでそっとすくった。

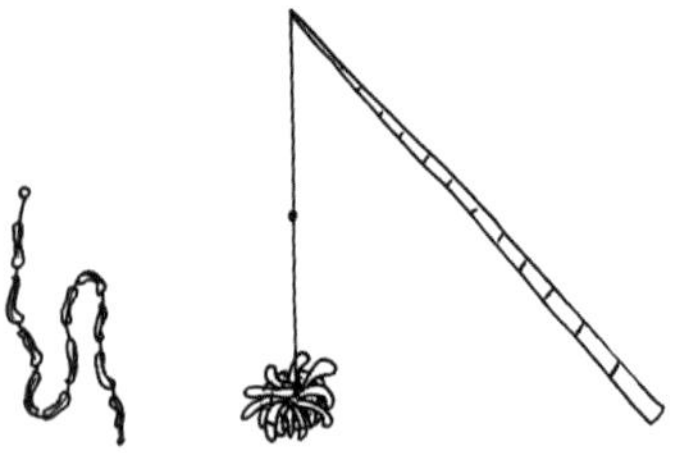

センツナギ

このほか、ハエナワがあった。一本のハエナワに先、中、手前の三箇所に石を結び、針を等間隔に一〇本つける。それを、一度に十本ほどつけた。餌は、ハゼの生き餌が多く、ほかにもアユの切り身やヤマミミズ、ツチボというセミの幼虫も使った。つける場所は様々であるが、雨のしょぼしょぼ降る日に浅い所に、餌を食いに上がってくるのをねらうこともあった。ウナギやナマズ、イダなどがかかり、十本つけた針に四、五匹かかることもめずらしくなく、舟の生け簀が真っ黒になるくらいつれた。現在では、魚が減り川の景観が変わり、かつての漁獲を望むべくもない。

カニ漁

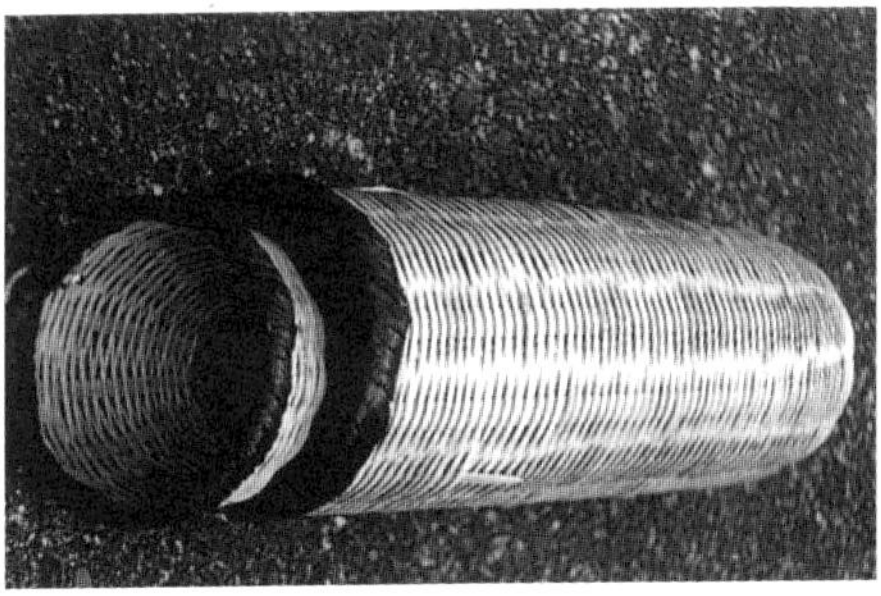
エビカゴ

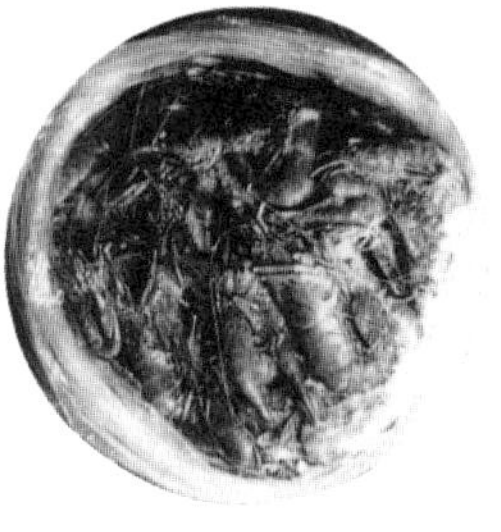
エビ

八月からは、カニ漁が始まり、稲穂が出た九月頃にかけてが脂がのって味がよくなる。十月頃になると、腹に子を持ち下り始める。竹製のガニカゴは、ボッポよりやや大きめのもので、コスタをつける。餌は、イダやフナである。かつてはタカシロビキの皮をはぎ、焼いたのもよく使った。アラもよいが、オオアラは目が光るためか入らないという。現在は、黒い編み籠で、入り口も二つあるのが使われている。ヤマタロウガニは、大きく脂がないがハサミに身が多い。カニは、泥をはかせて料理する。味噌が入ると味も最高となる。

エビ漁

ダクマエビは、一〇～一五センチのハサミをもっており、テトラなどの下に多くいる。生で食べても塩気があり、あっさりとしておいしい。エビは、時々網にかかることもある。多くとる人は、川の瀬の端に二メートルくらい石を積んで堰を作り、その先にエビカゴをつけた。上ってくるエビは、堰を伝って横に泳ぎ、カゴに入る。カゴは、一本の竹で作る。節の先端には穴を開け、反対側の竹を割って中にコスタを編み込み、カゴ状にする。穴のある方を上流に向

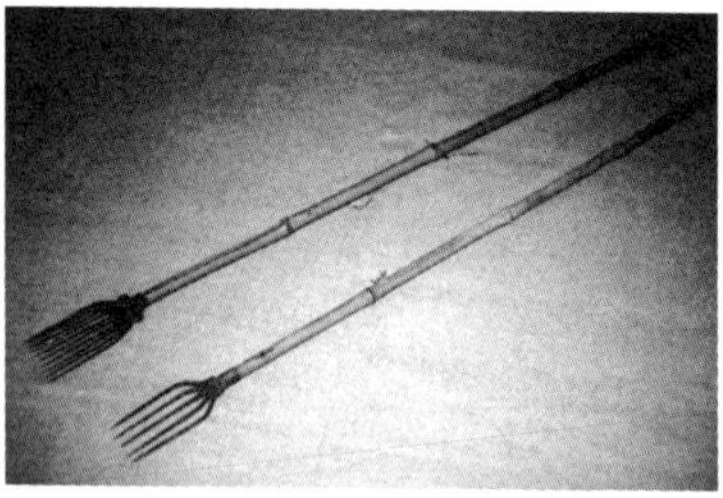

カナツキ（宮崎県総合博物館所蔵）

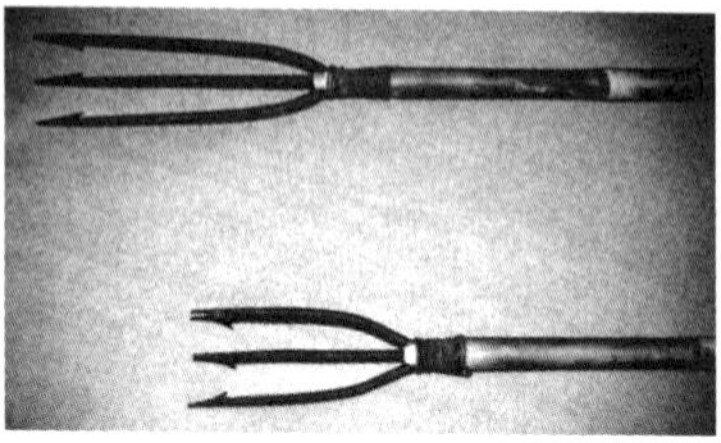

コイカナツキ（宮崎県総合博物館所蔵）

け、草の栓をする。穴は、エビが逃げるのを防ぐために塞ぐが、エビを取り出す時は、草を取ってここから出す。

その他の漁

かつては、子どもたちが、テッポウカナツキでよく魚を突いた。自転車のスポークを銛にし、ゴムをバネに使った。スイツキゴモ（ハゼの一種）やアイカケゴモを突いた。アイカケゴモは、ケンでアユをひっかけてとる。瀬の淵や流れ込みの激しい所によくいた。下るのは霜が降る頃で、体が赤くなり産卵のため、堰の近くによくくるので、川を堰切ってとることもあった。子持ちの魚は味がよかった。夜突きでは、アユ、ウナギ、コイなども突いた。

増水時には、土手からニゴリソクイ（ニゴリスクイ）で大きな魚を待った。直径六〇～七〇センチの網に、二メートルの棒をつけて、淀みのかかっているところに沈めて待った。ダム放水時には、岸辺のやぼの根近くにかくれている魚を狙った。そこには、何人もの人が並んだが、足を踏み外したら大変危険な場所であった。かつては、水の逆流により魚が入ってくると、コイ捕りをめざして行くこともあった。

現在では、ほとんどみることはないが、狭い川の上下に堰を作り、中の水を汲み出して魚を捕る方法を「溝汲み」といった。バケツでの水汲みは、「一寸肥えて二寸やせる」といわれ、やせるほどに苦労があった。「早く汲まんと溝がきれるぞ」といわれ、急いで汲んだ。

コイ専用の筌（うけ）として、コイカゴがあった。竹で編まれ、一方にコスタをつけ、川下に向けて沈めた。餌は、粘土と稲穂を混ぜたものを入れた。淵につけると、二、三匹入ることもあった。サデ網は、木枠に三角網をつけたもので、足ですき石を起こして流れ込むゴモをすくった。

おわりに

秋から冬へ、大淀川の夕日を受けて、舟から投げ網を打つ漁人の姿が大きくクローズアップしてくる。ゆったりとしたこの流れに、これまでどれだけ多くの人がいそしんできたであろうか。漁多き季節には、たくさんの釣り人が並び、堰がつくられ、舟が並んだ。ここかしこの大淀川は、流れを、川幅を、景観をそれぞれに変え、そこに棲む様々な魚を育んできた。川や岸に、かつての思い出をほうふつとする人も少なくないであろう。

川好きの人が、明日の川行きに備えて胸をわくわくさせ、子どものような気持ちでいそいそと準備をする気持ちは、幾つになっても変わらない。漁具にも大きな進歩がある。魚にも変化がある。私たちは、この自然豊かな川とその環境をいつまでも大切にして、共に生き続けたいものである。

季節になると、朝日の上がる前に、舟を寄せ網を構えてアユの動きを待つ人がいる。日が落ちてまっかな太陽がゆっくりと沈んでいく。あたりが暗くなり、山並みの姿が定かでなくなる頃、今日の漁を終え、川を後にする。アユの香りがゆっくりと辺りに広がる。繰り返す歴史の中で、自然は人を遊ばせ、大きく包んで何事もないかのように過ぎていく。かつての、そして、明日の川へ思いをはせる人の思いをみつめつつ、大淀川は今日も静かに流れている。

本調査においては、河野重雄氏、荒巻利行氏、高橋義忠氏、川越稔氏には、たくさんのことをご教示いただきました。心からお礼申し上げます。
特に、荒巻利行氏におかれましては、数年前他界なされたことをお聞きし、生前のご協力に感謝いたしますとともに、心からご冥福をお祈りいたします。

［写真協力］（敬称略）
吉鶴　信男
［参考文献］
『日向の山村生産用具　資料編三』　宮崎県総合博物館（一九九二）

第五節　トキの民俗

――消滅するトキ観念――

はじめに

トキとは、何か。『総合日本民俗語彙』（民俗研究所刊）には三トキ五節句として、正・五・九月の十六日をトキとする事例がある。盆正月、休みの日、彼岸、御斎、葬式の食膳等の地域事例を示し、トキ、トキセツ、トキビ、トキサイジツ、トキコウ等の呼称を掲げている。

また、宮田登氏は、「盆正月、祭礼、その他の農家の休みをトキヨリ（または時折）という。トキは日月トシ（年）、春夏秋冬、朝昼夜などの基盤にあたっている。これらは、自然現象の推移を表している。近代の文字暦に覆われる以前の民俗としてのトキには、時間を点検する独自の体系が発見できる。それはあくまで、人間と自然の共生から生じた文化といえるのではないか」と述べ、時間の基礎としてのトキとアイダについて述べている。（註1）

このほか、南九州のトキについては、小野重朗氏が、『南日本の文化1　生活と儀礼』において、農耕儀礼のトキ、防災儀礼、季節儀礼のトキ、そして、風ドキに関する研究を著している。その中で、「トキというのは、村の中の小地域の人々が、願いごとをもって小さな集まりをすることである。何かの重大な時（トキ）に仕事を休み、簡単な食べ物を用意して、それを食べて集まりをする。斎という文字よりも時に近い言葉であろう」と、述べている。また、宮崎県は全域がトキの圏に入ることがわかったと述べている（71頁「コトの南限とトキ」）。

また、『宮崎県史 資料編 民俗1』において、畑作のトキ・祈念・講において、「トキも祈念もさらに講も、集落のなかでの小さな組、十戸ほどの集まりである。トキはいろいろの重要な時期に災害がおこらないようにするもの。祈念も皆で祈ることがあって集まるもの。講は信仰的な目的を持って集まるもので、互いによく似ていて、はっきりとは区別しがたいところがある」（173頁）と述べている。

以上のことから推測すると、トキは時と斎の意を含み、日々の生活において必要とする願いや行動として表現されるものと考えられる。長い間月を中心にしてきた人々の生活感覚は、明治五年、明治政府による太陽暦の採用によって大きく変化することになった。

個人の判断や集団の考え方や行動は、どんな先人の知恵を根拠にして行われてきたのだろうか。一日や一年、気象や災害、暮らしや仕事への安全、豊穣祈願等を通して人々が大切にしてきたものや心の拠り所としてきたものがある。それらを、ここではトキ観念と呼ぶことにしたい。生活環境や暮らしが大きく変化した現在、トキ観念は急速に消失する状況にある。そこで本稿では、トキ観念が生活の中でどう生きてきたのか、幾つかの地区の生活事例で紹介し、その意義を考えてみたい。

一　各地区にみる「トキ」

(一)　延岡市北川町陸地

延岡市北川町下塚陸地地区では、「ツツジが咲いたら、春ですね」といわれる。ピンクのミツバツツジが咲くと、猟師がそれを切って帰っていく。それから、次々にコメツツジが咲いてくる。田植えの頃には、タヅノキが緑の葉をしげらせる。それを、田に敷き込む。秋には、クヌギもナラも葉が熟れる。十月亥の子の頃、葉が色づいたらナバ木を倒す。葉の熟れ具合で判別がつくという。クヌギは、ハサゴより先に熟れるので、「クヌギは、ハサゴよりも先に切らんと」といわれた。木の葉の色付き具合は、季節の変化と仕事のめやすを知る手がかりであった。風景に季節を読みとる人の感覚があった。

一日の仕事における休憩は、「休もうか」「休むが」「一服するぞう」という、お互いの仕事の進みと疲れ具合をみて判断した。午前中にはあまり休まなかったが、午後は、七ツ茶（三時頃）といって休んだ。仕事をやめて帰る頃に、お茶と食事をした。近くのお爺さんは、いつも暗くなってから帰って来た。

(二) 諸塚村七ツ山小原井

①生活時間

夏の朝は草切りから始めた。秋の収穫時期には、朝は三時頃から米を入れ込んだ。藁束は、大きな一束である。夜明けには、臼で米をあやす。五時から六時頃までは、ご飯炊きをした。これは、三百六十五日休む日なく続く仕事だった。

お昼は仕事の塩梅で、合間合間に食べた。一日のうちには何回か休憩し、午後はコビルを三時頃に食べた。稲の除草は年に三回くらいは行った。背が高くなると稲の穂で顔をこするので、傘を被ってとった。畑には、カライモ、トウキビ、ムギを作った。米の裏作としての麦はどこでも作っていた。アサやカジも植えていた。家の周りの世話をしていて、大きくなると葉をとり、麻をこいだ。年寄りは井戸に持って行って紙漉きをしていた。一年間いつもひまな時間はなかったが、畑の仕事が一段落したら、何日間か休みだった。トウキビの中掘りの後には休みがあった。シイタケも作っていたので、年中仕事はあった。仕事は男性と一緒にした。

仕事の終わりは、山に日の入る頃であった。「高い山に日が入ったら、歩いてすぐ帰るぞ」「高い山から日を見るな」「あそこの山に入ったら、暗うなるぞ」と、経験でみんな知っていた。「今日はあそこまで仕事を掘っておかなければ明日は終わらんぞ」と、地形や場所で仕事の見通しを判断していた。時計は持って行かなかったが、仕事をして腹が減るので、「腹時計」で分かった。日が長い時は、仕事にも疲れるので早めに終わることもあった。

②トキ日

七月の終わり頃には、鍬オセといい、鍬や農具をきれいに洗い、神棚にムシロを敷いて並べ、線香をあげ、饅頭などを供えて農具に感謝してお参りした。その日は、休みだった。小原井では、仕事が終わってから、ムシドキ、カゼドキ、クワウセを一緒にした。「トキフレ」といって、「虫ドキぞー」「風ドキぞー」と原じりの所から呼んでいた。台風の時も八百蔵じいさんがトキフレをした。佐藤にいちろう爺さんも、トキフレをした。七ツ山でも、トキフレをしていた。

『ことぶき遺産号』（一九八一年、諸塚村寿会連合会刊）には、村内トキの話が紹介されている。

《田の二番草取り、山畠の豆まき、玉蜀黍（とうもろこし）の中掘り、猫の手も借りたいような毎日。この作業が済むと、矢村部落では「とき日」といって、農休日とすることになる。この「とき日」を決定するのは部落で最も古い家、すなわち母家（おもや）の主人である。部落の全般を見渡して、もう「ときの日」をしても良いだろうと判断すると、朝五時頃東の空に向かって、「今日はときを召せヨーイ。鍬負せどきを召せヨーイ。ときを召せヨーイ。」と大音声に叫ぶ。また、西の空に向かっても、これと同様に叫ぶ。これを聞いた者は必ず、誰でも、「ホーイホイ」の受声をしなければならない。たいていは寝床の中でこの受声をしてそのまま飛び起き、朝草切りに行く。部落で一番はずれの者は高い所まで行って、「古家、中水流はきくかヨーイ」。これを、相手の受声のあるまで叫ぶ。受声があると、以前同様に「とき」を布令する。「鍬負どき」は、読んで字の如く、一年中鍬にかかった虫その他を鍬にその責を負わせて供養するものである。次が、「虫どき」。農作物、病虫害に対する祈り、「疫病どき」「風どき」台風の事等、約五日ぐらい農休日が続く。その日その日によって、それぞれ神事、あるいは仏事が行われる。昔の人は、ときの声と笛の音は天に通ずるといって最も大切にされ、受声をせぬ家は不吉とさえ言われていた。この慣習は終戦後まで続けられたが、若者の反対にあってついに現在その姿を消した。》(立岩　菊池明義氏)

《今日はトーキめせよー　火どきをめせよー　念じてめせよー」と、「とき布令」をしたと記す。風どきの時には、火どきの文字を風どきと変えて呼ぶ。旧二月十日は、私の村に昔火災の発生した日で、これを機として、以後このような事のなきよう村人は一日休んで念ずるのである。朝早く起き出で、洗顔・口をすすぎ、東の方に向かって大声でさけぶ。その声が向かいの山々にこだまして、村の人々の眠りをさまし、忘れかけていた記憶を呼び起こす。これが私の役目のように感ずる。六月十五日が祇園さん、その翌日が厄神どき。二百十日が風どき。正月どき。虫どきは日が決まっていないので話し合いで決める。夜が明けて、主婦達たちがかまどに火をたきつけるかどうかという静かな時間、朝もやにけむる山里に祈り流れるときの声は、他郷の人々には異様な感じを与えることであろうと思う。(略)」とある。》(立岩宮本貞一氏)

風除けに関しての記述もみられる。

《立春から数えて二百十日は、台風が来るといわれ恐れられている厄日である。丁度稲の開花期で、昔は「別れ水」と言って、稲田の水を切り結実を目安にする日である。台風を除き、大切な食料の稲や粟、果物の豊作を願っての風神を鎮める祈り「とき」をした。村の「おらび人」が「今日は風ときをめせやあホーイ」と知らせると、皆仕事を休み、祈願して一日を過ごしたものである。（一部抜粋）》（南川椿運氏）

小原井でのムシドキは、田植えも済んだ時期の骨休みの日であった。トウキビの仕事も終わり、鍬を使うのが済んでからであった。その日には、神官さんからお札をもらってきて虫が喰わんように祈り虫祈禱をした。消防のラッパ係であった甲斐きよはるさんは、得意のラッパで虫ドキを知らせた。三日くらいは休みだったが、半日くらいは仕事をした。台風などで仕事ができない時などに、トキフレをしていた。日ケ暮れには、神官さんがいて、お札をもらってきて、畑に竹を割って立てていた。作物に虫がついた時、呪文を唱えると虫の害がなくなると言われていた。藤本緑さんの祖母が、「祈禱に雇った清治ぼうがムシアゲしたら、ぞろぞろ虫が上がって逃げるわ」と話していた。昔の人は、呪（まじな）いをよく知っていた。また、こうして、人を頼むこともあった。焼畑の時は、山の神様に焼酎を上げて、「見守って下され」と祈っていた。

お札

風が強い時には「風ドキゾー」と、向こうの方からおらんでいた。子どもの頃、祖父が家の所から、「トキゾー」と大声で叫んでいた。川の向こうの一の高地の人が亡くなった時には、こちら側の人が、「○○が死んだぞー」と大きな声でおらんだことを西田ヨシノさんは記憶している。急な用事や休みなどで人の加勢を頼む必要が出来た時は、村うちであれば隣に行って伝えていた。どんな場合にも、足で行かなくては連絡はとれなかった。

③季節や気象

朝は、一番鶏が鳴くのを聞いて起きた。「今日は雨が降るから、筵打ちした方がようわねえじゃろか」と天気をみて仕事を決めた。「カエルが鳴けば、三日四日のうちに雨が降る」「ミズシの花が咲く折にゃ豆を蒔かにゃいかん」「フジの木の咲く折にゃ豆を蒔かにゃいかん」「ナシの花が咲く折にゃ、イモの苗をたてにゃいかん」「コウカの花の咲く折にゃソバを蒔かにゃいかん」。花を見ては、豆蒔きやヒエ蒔きの時期を判断していた。

台風の来る前には、嵐の風が吹いてきた。風が違った。西風か東の風とかいうが、雨風の前触れがあった。「東の風が雨風で、西の風が天気の風だ」と聞いていた。人々のつながりが深かったから、いろんなこともお互いがよく知っていた。霜の降りる時期や雪が降るのは、紋原辺りの山の高い所がちらりと白くなっていると、雪になるのではと思ったりした。童子ダキには、石が真っ白な時には天気が続くが、石が湿っている時には、「お童子さん

雲の湧く小原井

のお顔色が悪いが天気が悪うなる」と言っていた。高い山にある石の色の変化で、天気を予測することもあったのだと思う。「カラスの鳴き声が悪いが」と、年寄りは話していたが、何かを判断していたのだと思う。

昔は、猪とかは出てこなかったが、今は木の実が無くなったので、すそべの里に出てきて被害を出すようになった。鹿はひょいと柵を飛び越えて入るようになった。お祭りや家祓いの時には、神主さんを招いて祈禱をしてもらった。自分で御神酒をあげて、「山の神様、害からまもってください」と頼んでいた。藤本さんの家では、今でも年に一回は、お祓いをしてもらう。

㈢　日之影町岩井川大楠

①気象と時間

一日の始まりは、ひと山やってから朝飯だった。朝露のあるうちに草を刈った。その日の天気は、風向きをみた。南風や北風が、ここでは谷に吹き上げられて南東と北西の風に変化する。横からきた風も上ったり下ったりする。五ヶ瀬川を飛ぶように吹く。

「くんだり風の時は天気がいい」という。「まぶとから吹く北風が吹く時はいい天気になる」「入れ風（南風）は雨が近い」という。くんだり風の時は、雲も下に流れ、入れ風の時は雲も上に上る。それと、湿度でも分かる。肌が汗ばんで蒸し暑く、うっとうしい天気から雨になる時もある。「木の葉が光ったら日和が変わる」。川沿いの人は、「瀬に泡が立ったら、日和が変わる」という。夏は涼しい方がよいが、温かい時は雨が降りやすい。

「若芽が急にはげしく伸びる時には、台風が来る」「コウジの花がえらい時は台風が来る」「卯の花が赤と白が咲いて、赤が多いと雨が降る」「山が遠くに見えたり近くに見えたりする。近くに見える時には、雨が降る」「ユズの葉の中に黄色が入ると台風が来る」「シロアリが下の方へ巣をつくる時は台風が来る」「川端の岩にハチが巣を作る時はシケが来ん」。増水するかしないかを、生き物は知っていた。

興梠邦幸さんは朝、今日は雲行きが悪いとかよいとかを観る。杉山にモヤがひとしきりかかると雨が来る。「ナバ木の芽が新芽を吹く折には用心せよ」と祖父は話していた。雨が近い時には木の葉が光ってひときわきれいになる。葉がきらきらすると天気が変わる。凪によって天気が分かると言っていた。北の方の川近くでは、瀬に泡が吹くと雨が来ると言われた。

茅切りの際には、太陽が山のどこに位置するかで、「コビルじゃ」「昼じゃ」「仕事やめじゃ」という判断をした。腹時計でも、仕事の具合を判断した。時間はほぼ当たった。昼が近くなったことは、仕事での疲れ具合で判断した。八時頃に仕事を始め、昼飯で半分を食べる。「早う食べんと食べおせんど」と言いながらコビルを食べた。残りの半分を食べることを、「七折（川を）渡る」と言い、岩井川から対岸の七折に渡ることにかけてそう言い、笑いながら食べた。「あん木に日が来たから、昼飯」「あそこに来たから、コビル」「ここまで上がったから、ヤメばい」と、近くにある木を目印にしたり、日の傾き具合によって判断した。

夕方の仕事の終わりは、山に入る日を見て判断した。大楠では日の入りが早かったため、「高山で日入りを見るな」と言われた。帰る時の道が暗くて見えなくならないうちに帰り支度をした。大丈夫と思って帰りかけると、すぐに暗くなって困ることになる。仕事は大概にして帰れという戒めでもあった。

また、風の向きや強さは、地区の地形によって変わることがあった。大楠は、台風の風がよく当たる場所にあった。下の方にある日之影地区は、北風が強く当たった。このため、日之影地区では、台風の時の風の強さを、大楠の様子を見て判断したという。昔から岩井川で台風の風の強く当たる地域は、星山、小崎、大楠、上小原だといわれていた。

北風のあたる大楠

②共同作業

集落では、道普請、家普請、田開き、石垣築き、用水路作り、田植え等はほとんど共同作業だった。大楠の上の集落は、飲料水にも不自由し苦労も大きかった。田開きは、斜面を掘って石垣を築き、裏に出てきた小石を埋める。また、平地の底に粘土の盤を張り、泥土に水を入れて引きまわし、ようやく出来上がる。何度も話し合った末、大変な苦労の上に開かれた貴重な田んぼである。大楠地区には、歴史を語るみごとな石垣が集落の家々に築かれている。

田植えの最盛期は、「田植えのジュン（旬）」と呼び、「クロタケが山から浮き上がった」折をその手がかりとしていた。「茶摘みの時期は苗どりだ」とも言われ、山のサンゴと言われるコウジの花が満開となり、山がきれいになるのもこの頃である。カライモの苗作りの頃にもあたり、ナシの花も咲いた。

米作りには、適期があった。天候の影響が大きいため、九月の二百十日にかからぬように育て方を考えた。風の心配もあった。特に、二百十日は心配だった。祖母の頃には、麦がよく稔らないことがあった。それで、金比羅さんを祀るようになった。四月十九日の祭りには、「風をよけてくださいー」「荒い風が吹かんように」と地区の人々は祈願してきた。大楠地区は、眺望のきく高い位置にあり、鉄橋と橋を十二も見ることができる。従って吹き上げる風も、季節によって強く吹く。

仕事の休み日は、雨の日や夫役や祭り、神楽など村の行事など以外には特に決まっていなかったが、「短期間に終えないものは、不浄日には始めるな」と言われ、日頃から仕事の見通しは立てていた。休みの日であっても、牛の餌がなく草切りに出なければならなかった。村の老若男女は、みんなよく働いた。青年の娯楽といえば、大楠では、十二月二十六日に夜神楽があった。

②トキ日

『日之影町史』によると、「町内縦木尾では、かつて集落全体に声が聞こえるような所から、『今日は風ドキぞーー』と大きな声で叫んでいたという。その時期は、八、九月頃であったが、行事としてどんなことが行われていたのか、はっきり覚えていない」という古老の話がある。これをみると、当地区でも以前にはトキをふれる大きな声をかけていたことを知ることができる。また、昭和二十九年頃、追川のふえのはな地区では、仕事をやめる時の合図をリンリンと鳴る鐘でしていた。十時過ぎやお昼、それから仕事の終わりに鳴らしていた。

(四)　西都市尾八重地区

尾八重集落

①時間と気象

尾八重では、一番鶏が鳴くと牛の草刈りに行った。朝食は八時頃、一仕事を済ませてから、十時の茶である。昼食の後は三時頃のコビルをとる。夕方は、暗くなるまで仕事をした。夕方、山に日が入るのを見て、仕事の終わりも判断した。山の上で日の入りを見てから出ると、下に着く頃には真っ暗になって道も見えなくなって困った。だから、「高い所で日を見るな」と言われた。山で道が見えなくなった時には、空を見て歩いた。

天狗岳に雲が入る時は雨になる。「雲がのぼると雨になるぞう」と言った。天狗岳に、あちこちから雲が入る時には、台風になる。西の方へ雲が行き始めたら雨になる。ツバメが飛ぶ時には台風が来る。いつもはツバメが来ないのに飛び回ることに異変を感じたのだという。

②集まっての相談

作業地区の年間の行事や共同作業は、ほぼ決まっていた。しかし作業内容等によっては、その年に日取りを決める必要のあることもあった。人々が集い、共同で事にあたる場や行事には次のようなものがあった。

正月　初詣り、挨拶回り、新婚さんの初入り
二月　宇納間地蔵代参
三月　彼岸墓掃除、祖霊社（御先祖様）参り、お大師さんの接待、道切りや畦浚え、金比羅さん祭りと神楽
六月　祇園様、時まつり、御幣くばり
八月　十五夜、屋根葺きの相談、十五夜飾りと芋ひかせ
十月　亥の子（地面を突いて集落を回りイノコ餅をもらう）
十二月　正月準備や神社清掃、年末から正月前までの神楽

安全祈願や神仏霊信仰のために、人々は集まる場をもった。ここにも、トキの観念が生きていた。

㈤　西米良村のトキと気象

米良の斎（トキ）には、五月の麦ドキと春秋の風ドキがあった。麦ドキにはツバキの枝を竹に立て、それ

に餅をさげて麦畑にたてた。それはお大師さんの伝説にちなんでいるという。お大師さんが犬に追われた時、ツバキの枝に団子をつけ、犬がそれを食べている間に逃げようとしたが、逃げ切れずに袋をそのまま置いてきた。港まで来ると牛が何かを踏んでいる。見ると、それが麦だった。それを持って帰られたのが、麦の始まりだという。周囲には縄を張り御幣を立て、神主が来てお祓いをした。

風ドキは、焼畑の時に行う祈願である。焼畑は風の様子で焼き具合が大きく変わる。それで、焼く範囲には御幣をたて、カケグリをあげ、神主を招いて祈願した。このほか、虫追いには稲荷神社からお札をもらった。お札を畑に立てると、めい虫がゴソゴソ逃げていったという。火除け札もある。美郷町北郷区宇納間様の火伏せのお札をもらっていた。日常生活の中に、トキへの思いは伝承されてきた。

中武雅周氏資料、生物学研究会機関誌（いちふさ同好会）には、西米良村における動・植物の気象、時の予知に関する事例がある。

雨が近いと感ずるのは、

○サベが夜光に集まる時

○蚊柱が見られた時

○小さい虫が周りでたくさん飛び回る時

○ドブロクの液が濁る時

○夜聞く橋を渡る人の下駄の音が高い時
○雲がのぼる時
○昔の話で、着物や褌がシトーッとなる時

雨が降るのは、
○猫がつらをぬぐう時
○鶏が遅くまで餌をつつく時
○蟻の行列が道を横切る時
○アマガエルが鳴く時
○蜂が低い所に巣をかけるとしけが来る。嵐の前には雲が走る
○ヘビの死体の腹が天を向く時

時を知るには、
○日時計を用いた
○真昼は庭先の「物干し竿」で判断した
○鶏の声で判断した。一番鶏は、大体午前四時頃
○空の星で判断した。冬は朝夕五時頃に「夜明けの明星」「よい明星」と
○山師は、「ゆさり」で判断した。「ゆさり」とは、たそがれ時になると陽が沈んで薄暗くなる前の僅かな時間帯のことで、これを過ぎると、下山しても里は暗くなり道の判断にも困った。

このほか、
○雲が一ツ瀬川に沿って下がると晴れになる
○ヨスッポ（アオバズク）が鳴くと天気が良くなる
○地震を「なえ」といった。「日よりなえ」「雨なえ」といった
○ススキの節の数で台風の数が分かる。二つあれば、二回来る

二　地区事例にみるトキの種類

五地区のわずかな事例を通して得たトキ観念についてみてみたい。

(一)　時間、季節、連絡手段としてのトキ

人々は一日の生活において、自らのもつ感覚時計を大事にしてきた。そして、周りの風景や日の高さや入りの具合によってさらに確かな物差しとして役立てた。木の芽、葉の生長や色の変化があり虫や鳥、草花や植物の出現があり、それらによって季節の変化をとらえてきた。身近にみる山や川の自然の変化を詳しく観察し、季節暦として活かす姿勢があった。

また、緊急のことを知らせる方法として、村の高い所から大きな声で叫ぶ、「時フレ」が行われていた。仕事休みや不幸など、緊急事態には、声で知らせる手法が大きな手段であった。仕事休み

の時布令は、人々にほっと一息の休息を与えるもので、農休日を知らせるものだった。それが叶わない川向こうや深い山の地区では、隣から隣へと一戸ずつ連絡する確実な方法がとられていた。その時その時の瞬間に状況を判断して行動し、事を処理する生き方を日常としていた。ある時期には、鐘やラッパがその役割を果たしてきた地区もある。

(二) 仕事に活かすトキ観念

年間の農作業には、共同作業によって処理しなければならないことも多かった。広い範囲を焼く焼畑では、準備から仕事の分担、作業順序などの事前相談を持ち、当日には、お祓いをしてもらったり、自ら受け継いでいる呪文を唱えてから、お神酒を捧げ山に火をつけた。また、協同作業の意識や神への畏敬と祈願は、田開きによる手順や作業に関しても同じだといえる。日常生活に新たな作業を加える開田作業には、大きな苦労を伴ったが、土地を広げ、収穫を増やしたいと願う人々の努力は、着実に耕地の増加をもたらし、大きな喜びとなった。石垣積みも重労働であったが、地区の景観を見晴らせるほどの大事業であり、現在の集落の姿として残っている。茅切りや屋根葺きの作業もあった。遠くの茅場から、各人に割り当てをし、集落の人が協力して何日間もかかって仕事をやり遂げた。

村の歴史にとって大きな事業を進めるにあたっては、人々の協議の場があり、全員の固い絆に支えられて、共に仕事をする喜びの場があった。そして、伝統技術の継承もその場で行われてきた。

誰でもそのことはできるという、共有する技術の継承がなされてきた。その際は、必ず神官を招いてお祓いをし、事故無きを願い事業の順調な完成を願った。事を進めようとする過程に、長老等からの集団の知恵や、それを実行するための技術など、無形の価値あるものの伝承がなされ、畏敬の念も醸成されていった。

(三) 気象に関するトキ観念

作物の豊作を願う上で、気象の影響は大きなものがある。人々は朝な夕なに空を眺め、雲の動きや風を注視し、周囲の山や川の様子から何かを摑もうとしていた。鳥や虫、木の葉の変化にも目を凝らし、天候の行方をうかがった。気象に関する伝承はその数も多く、即座に役立つ身近な情報であった。例えば、風ドキ、虫ドキ、火ドキなど、その時期に不幸な事態が起こらないように祈願をする時期と場があった。風は、周囲の地形によっても強さや向きが変わり、風の当たり具合は集落の家を建てる位置や向きにも大きな影響を与えた。

(四) 畏敬の念を育むトキ

一年間の無病息災を願い、安定した喜びのある生活を願い、感謝祈願をする人々の敬虔な姿がみられる。神事仏事、占い、祈願祈禱、お札、正月ドキ、鍬オセ、疫病ドキや様々な年中行事等を行い、みんなで話し合い一致協力して進めてきた。そこには、神楽をはじめとして、山仕事や農作業、狩猟などに対する安全を願い、正月から十二月にかけての季節に応じて行う祭りや気象・災害への祈願などを通して、人々の間に深い祈りの気持ちが育まれてきた。これまで多くの人々が、年間の行事や季節の自然や気象の変化に際し、ふっと思い浮かび習慣的に行動する根拠となっていたトキ観念は現在の人々の生活から消え、そして記憶からも消えていく時代にある。

おわりに

かつて数千人あった各町村の人口は、今や大きく減少している。人から人へと伝えられてきた暮らしや仕事における価値の伝承もその内容や意識に変化が起きている。時世に合わないという理由で取りやめになった事例もあちこちで起きたことである。情報の伝達手段も大きく変化した。当然に、判断する基準や方法も変わってくる。ものや風景や時代の心に反映された精神や感覚もまた、時代によって変わっていくのを常としている。

しかし、生きる上での安心・安全や幸福な生活を願う人々の気持ちは、本質的に変わるものではない。自然を大切にし、豊かな環境を残しておかなければという願いは、以前にも増して強くなってきている。虫も鳥も、植物も森も、空も川も海も、それを深くみつめ、そのよさを感じ取る生き方からよい思想も生まれてくる。みるもの、感ずるものの多いよき生活環境を創り出すこともまた重要となる。豊かな環境に暮らしや仕事を溶け込ませ、年間の行事にも活かせることができれば素晴らしいことである。

よりよい自然の知恵をどう生活に活かすか。また、その中で人々の絆を固くして生きる地域をどう創り出していくか。トキに込められた生きる上での価値を、現在の生活にどう形を変えて活かすかを、私たちの日常に求められている思いを深くする。

註1　宮田登『講座日本民俗学⑥民俗としての時間』雄山閣　一九九八

【参考文献】

小野重朗『南日本の民俗文化Ⅰ　生活と儀礼』第一書房　一九九二
小野重朗『宮崎県史　資料編　民俗1』宮崎県　一九九二
宮田登『講座日本民俗学⑥民俗としての時間』雄山閣　一九九八
日之影町『日之影町史　資料編4民俗』二〇〇〇
諸塚村寿会連合会『ことぶき遺産号』諸塚村　一九八一

【話者】（敬称略）

日之影町大楠　興梠正富　秋本憲市　山本哲也　佐藤久夫　興梠邦幸　興梠みなと
諸塚村小原井　西田ヨシノ　藤本緑　西村マチヨ
西都市尾八重　児玉ケサ子　中武早苗　中武トメノ
延岡市北川町　小野忠幸

【資料協力・調査協力】（敬称略）

西米良村　中武雅周
日之影町　藤田好之

第四章　交流の道

第一節　道の変遷と暮らし

―峠道から川沿いの道へ―

展望台からの眺望

はじめに

宮崎県西都市大字東米良尾八重の空野山下の展望台から下方を見下ろすと、深い谷を境にした山々が東から西へ幾重にも連なっている。集落は、その中にすっぽりと囲まれて定かにはみえないが、数百年の歴史を生きてきた人々の暮らしがそこにはある。澄み切った空気、青空の春秋の峠道、草いきれの夏草道、木枯らしの風山道、四季折々にこの道を様々な人々が行き来したことであろう。集落を通る道はどこをどう通っていたのだろう。そして、道はなぜそこを通っていたのか。

道は集落の地形や人々の暮らしと直結し、大きな役割を持ち続けてきた。そして、時代とともにその役目も変わってきたことであろう。

道をみつめることで、集落を繋ぐ道、峠を通る道、変化する道の役割、そしてそこを行き来する人々の姿などを思い起こすことができる。

また、道は、交通・運輸・情報通信との関連からみていくこともできる。峠道から谷川近くへと道が変化すると、人や物資の行き来の姿や村境を越える際の儀礼や観念、人力・馬力・車輌等運搬の姿も変化する。かつて人々の声がこだましていた尾八重地区は、現在では居住人口も減り、その姿を語る人々も少なくなってきている。そこで本稿では、地区に暮らしてきた人々の語りをもとにして、道の変遷とその利用、暮らしの思い出等記憶に残る故郷の姿を紹介し、今後への資料としたい。

一　他所へ続く道

㈠　山上からの眺望

尾八重の展望台からは、眼下の山襞やかつての道を見渡すことができる。彼方南の尾泊から下りて一ツ瀬川を渡り、再び山をめざして道は上る。尾泊から展望台までの道はみごとに一直線である。東の岩井谷方面から来た道は、尾八重地区の下の辺りの千本杉のある所で出会い、西の大椎葉へと

図１　尾八重を通る道

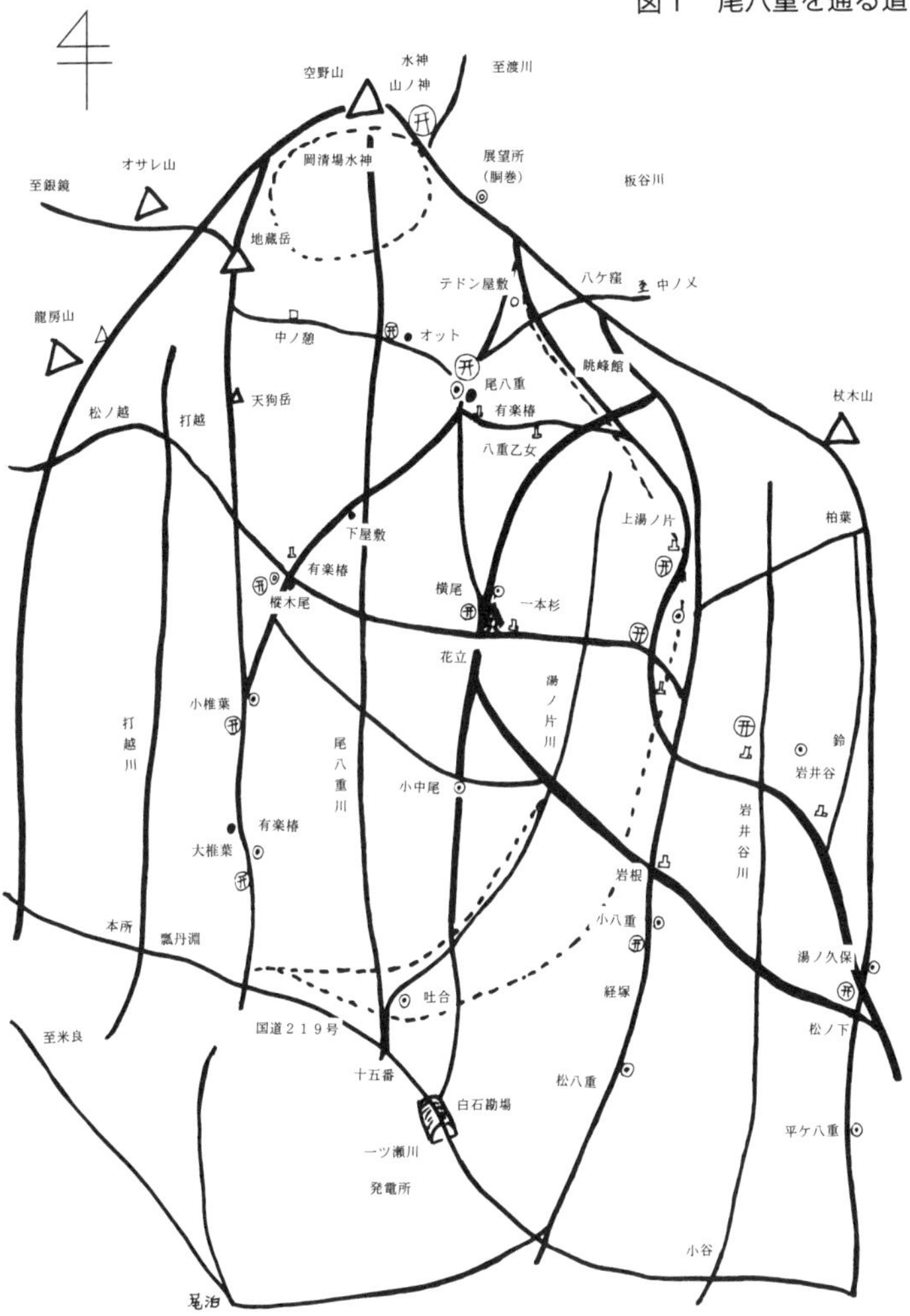

（原図　中武貞夫氏作製）

つながっている。峰の最短距離を行く道は、計算されたかの如く、縦横上下、東西南北に延びている。しかし、集落境へと延びる道は、ほとんどが空野山の麓を通る稜線の上を通っていた。

村境を越えて行くのは、婚礼や正月の時、病院や買い物、そして季節のものを売りに行く時、また、宇納間への代参などの時であった。

昔は遠くへ行くのも歩くことが当然であった。子どもの頃はどこへ行くのも歩いてであり、大変きつかった思い出が人々にはある。

かつては、一ツ瀬川の白石勘場まで舟が上がり、そこから山産物が遠く大阪方面にまで運ばれ、遠隔の商人とのつながりもあり、松原の地はたいそう繁盛していたといわれている。

(二) 村を通る道

尾八重集落は、地区では最も大きな集落である。周辺との境は高い山並みで接しており、他所への出入りは峠越えの道が最も近道であった。他所へ行くには、北は中之又、渡川道、西は打越、南は瓢丹淵へ続く道があった。また、打越、渡川道などがあった。道掘りは、毎年のことだった。牛を引っ張って行き、鍬を持って行って掘った。周辺の藪払いをする道切りをまず行ってから、往還道路に鍬を入れた。これを道掘りといった。

尾八重から瓢丹淵へ抜ける一番古い往還道は、�好さんの家の脇を通る道だった。正秀さんの家の所を通り、札の元のしげさん所の前を通っていた。殿様屋敷に対する要の所であった。田んぼをついたため、現在はなくなってしまった。

往還道は、はしばの線、中之又越え、山の神越え、一本杉道の四本あった。一本杉の道は、籾木尾へと続いていた。元水さんの爺さんは正月の挨拶のため、中之又にある親戚の家に三日がかりで行っていた。また、郵便配達にも行っていた。昔の道は、三納方面から尾泊を経て川に降り、瓢丹淵の吊り橋から上がる道で大椎葉の上を通る道だった。

尾八重から西は、樅木尾、小椎葉を経由して中尾へと通じ、銀鏡へと向かっていた。妻からの川沿いの道もあった。キンマ道もあった。瓢丹淵から尾八重までの道は、小椎葉六軒、樅木尾五軒を過ぎて二里あり、鉢ノ窪峠を越えて中之又に行った。その道三里を日帰りしていた。朝四時頃、マツの火をとぼして家を出た。帰りは、五、六時頃であった。

銀鏡に行くには、大椎葉、小椎葉、打越、川を通って中尾の道を通って行った。橋は丸木橋で、戦時中分かれ道には、「右銀鏡、左中尾」と書いてあった。

(三) 役場位置と道（打越から瓢丹淵へ）

明治二十二年、東米良村の役場をどこに置くかで、小川、銀鏡、打越の三地区の論争があった。東米良村尾八重は打越を希望した理由を次のように陳べている。当時の資料から紹介したい。

［資料一］
彼ノ米良川溢水ノ砌ハ如何ナル不便ヲ生スルヤヲ論スルモ亦今日ノ着眼スル処ナラン　夫レ米

良川ノ溢水ナルモノハ米良ノ全郷ノ其郡役所へ出ル通路ヲ絶ツモノニテ尾八重村ヨリ郡役所へ容易ニ出ルヲ得ル然リ

一ツ瀬川の溢水による交通遮断は大きな障害となり、その影響ができるだけ少ない高い土地にある打越を推す理由をあげている。

［資料二］

小川村役場アリト仮定シ、陸軍召集条例ニ拠リ兵員ノ召集アリタリトセン乎郡役所ヨリハ直ニ小川村役場へ直持脚夫を派出スル能ハサルヲ以テ止ムヲ得ス尾八重村ヲ経テ銀鏡村ニ出テ夫ヨリ小川村ニ出ルニ外ナラサルヘシ（此里程十五里然ルトキハ小川村ニ於テハ之ヲ受取リ直ニ夫々脚夫ヲ配リ殊ニ中之又村尾八重村ニ至ルニハ屈強無比ノ脚夫ナラザルヘカラス其故如何トナレバ尾八重村中之又村ノ最遠地ハ、小川ヨリ九里乃至十里在リテ至急用ヲ便スル能ハサレハナリ）斯テ尾八重村中之又村ノ兵員ハ召集ニ応セントシテ尚又小川村ニ至ン乎是亦九里乃至十里ニシテ漸ク小川村ニ至リ旅費ヲ費シ又収ムベカラズ為ニ兵機ニ多少ノ関係アラン、……（略）

（宮崎県古公文書より）

郵便配達の遅延や召当地への通知連絡の遅れ、そして遠隔地を往復する不便さをあげて当地への役場設置を希望している。その結果、役場位置は、打越に決定した。

打越に役場があった頃、銀鏡まで三里、中之又まで三里の道は、全て歩いていた。打越から銀鏡までの峠越しによる近道は海抜五〇〇メートルの所にあり奥の原を通っていたが、けもの道だった。

打越から中尾、峠を通り、下った川沿いに銀鏡があった。打越の役場には用務で来る人もあった。ここには、樽屋、鍛冶屋、生活用品の店もあった。取引の商人もやって来た。昭和十年頃の戸数は四十世帯あり、学校の児童も四百人を超えるほどで活気があった。

打越には、商売人が魚売りに来た。魚の干物を背負って風呂敷に包んでいた。イリコ、海草、魚などの乾物を宮崎の方から運んできた。農具、鉈、鎌、包丁などの刃物を何でも作っていた。店も一軒あった。米、酒、塩等生活必需品は何でも揃っていた。鍛冶屋もあった。役場へ用事で来る人も多く、集落の人々も多くいるので店の品物もよく売れた。不自由な思いをすることはなかった。バスが通るようになってからは、衣類は妻の町で買った。瓢丹淵に出てバスで行った。

(四)　役場移転と暮らしの変化

昭和九年、川沿いの米良県道開通によって、これまでの打越に設置した役場利用の事情が変わってきた。

[資料三二]

昭和九年十月十日付庶第六〇八号

「本村役場ノ位置ハ町村制実施ト同時ニ村ノ中央トシテ現在ノ位置ニ設置シタルモノナリ然ルニ世ノ進運ニ伴ヒ米良県道ノ貫通ト共ニ交通ノ便開ケタリト雖モ各部落ト役場間ヲ連続スル里道ハ山岳重畳タル本村ノ地形トシテハ到底不可能ノ状態ニアリ変更セントスルケ所ハ県道ニ沿

ヒ通信機関等ノ設備容易ニシテ各種ノ完備ト相待ッテ町村自治ノ完璧ヲ期セントスル次第ニ有之候間位置変更ノ義御許可相成度別紙関係書類相添へ此段及申請候也

役場移転の理由は、山岳重畳の打越では、通信機関設備の面で不便であるとしている。

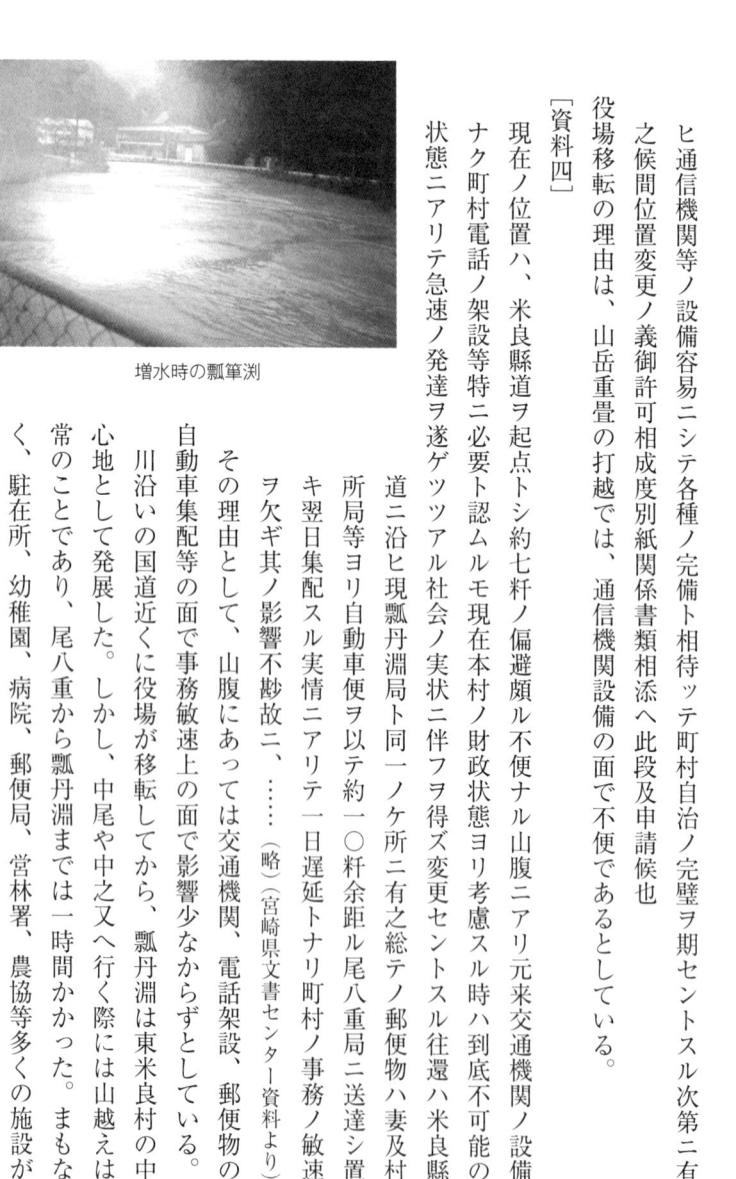

［資料四］

現在ノ位置ハ、米良縣道ヲ起点トシ約七粁ノ偏避頗ル不便ナル山腹ニアリ元来交通機関ノ設備ナク町村電話ノ架設等特ニ必要ト認ムルモ現在本村ノ財政状態ヨリ考慮スル時ハ到底不可能ノ状態ニアリテ急速ノ発達ヲ遂ゲツツアル社会ノ実状ニ伴フヲ得ズ変更セントスル往還ハ米良縣道ニ沿ヒ現瓢丹淵局ト同一ノケ所ニ有之総テノ郵便物ハ妻及村所局等ヨリ自動車便ヲ以テ約一〇粁余距ル尾八重局ニ送達シ置キ翌日集配スル実情ニアリテ一日遅延トナリ町村ノ事務ノ敏速ヲ欠ギ其ノ影響不尠故ニ、……（略）（宮崎県文書センター資料より）

その理由として、山腹にあっては交通機関、電話架設、郵便物の自動車集配等の面で事務敏速上の面で影響少なからずとしている。

川沿いの国道近くに役場が移転してから、瓢丹淵は東米良村の中心地として発展した。しかし、中尾や中之又へ行く際には山越えは常のことであり、尾八重から瓢丹淵までは一時間かかった。まもなく、駐在所、幼稚園、病院、郵便局、営林署、農協等多くの施設が

増水時の瓢簞渕

移転してきた。戸数も三十戸を超え、昭和三十年代のダム工事時期には、旅館二軒、飲食店、映画館それにパチンコ店などもあり、多くの人々が住む賑やかな土地となっていた。炭焼き、椎茸、狩猟をはじめ、三椏（みつまた）、楮（こうぞ）で生計を立てる人もいた。

中武健氏の父清吉氏は食料品から酒等の生活用品を扱う店を営み、山産物の取次も行っていた。どこへ行くのにも全て徒歩であったが、道路が開通してから、妻方面からの輸送手段は馬車から車に変わってきた。塩の仕入れも、カマス袋に入ってジタジタと落ちるものから、木箱へと変わり、さらに紙袋となって固形化された。三輪車が入ってくるようになってから、魚も塩サバや塩サンマに代わって生ものが手に入るようになった。役所が瓢丹淵に移ってからは、店もあり、農協も駐在の派出所もあった。昭和四十年代には、瓢丹淵には映画館が数軒あった。活動写真があり、弁士が来てしゃべった。尾八重から瓢丹淵や中之又まで見に行った。終戦前には、コトボシをさげて、往復していた。瓢丹淵は、銀鏡、中之又の中心となっていたが、支所はやがて銀鏡に移った。

二　道と暮らし

㈠　道普請

アケビのなる頃には、道普請をした。年に鍬入れ一回、鎌払いが二回あった。農家の人は、一戸から二人出し、寄留のよそからの人は一人出しであった。瓢丹淵から大椎葉までは、クワで削った。打越での道作りは全戸数から人が出て、秋の十五夜の翌日から三日間、クワを入れ道掃除をした。

尾八重では家族全員で出て、踏み立て道にクワを入れた。一軒から三、四人、集落では五十〜六十人にもなった。昼食には、トウキビをもっていき、焼いて食べた。南郷への渡川道、中之又道、上湯之片道、立花道などがあった。小椎葉道は、別にあった。「若い者から何人行け」「どこからどこまでが何人」と、割り当てられて作業した。橋は木橋で丸木を使い、流れる所は長い木を一本一本結んでいた。籾木尾の高い所では、木の皮をとらずに、丸太を岩の上に渡した。

(二) 出入りする人々

戦前には、遠くまで買い物に出ることがあった。焼酎は、球磨郡まで行って一斗六升入りを一俵背負って買ってきた。店では、杖の棒にいっぱいくれる。竹の節に入れて貰って飲んだ。買い出しは、一晩泊まりだった。中武�好さんの家は焼酎宿で、三合、五合を売っていた。行きの道は峠から峠を通り、地蔵岳の登り口に出て熊本まで行った。山賊の出るような寂しい所も通っていた。

外へ出るのは、病院ぐらいだった。重病人が出た時には、タゴシ（竹製のモッコ）で担いで連れて行った。渡川へ運んだ。渡川から医師も山越えして来たこともある。薬を貰いに、高鍋まで歩いていったこともある。お産の時には、シャモジを妊婦にくわえさせ、タオルを巻いて運んだ。下の道が通るまではそうだった。道路がよくなってからは、妻の町までリヤカーを押して運んだこともある。

昭和七、八年頃には、瓢丹淵を通る国道が開通し、診療所が出来、警察駐在所、郵便局も出来た。郵便局はそれまで尾八重にあり、ここから銀鏡、中之又の範囲を担当していた。尾八重には店が三、四軒あり、外へ買い物に出ることはあまりなかったが、担ぎ屋の行商がやってきた。買い物は盆正月くらいで、半年勘定で済ませていた。外で働いている人が帰省して土産を買ってくる姿も見られた。ダムが出来て賑やかになった昭和三十年代に、西都原の花見や杉安花火大会に行った思い出もある。

尾八重から籾木尾を通り小椎葉、大椎葉へと出る道を、子どもたちは、キンマ道のナルの上を歩いて行った。油がひいてあるのでおこられた。

商人は、旅宿に泊まっていた。大椎葉では、かね七んヤンババと言っていた。女性だったのだろう。柿渋の塗ってある柳行李に入れたタバコを持ってきた人もいた。衣類は、祭りの日に、南郷の神門から山崎の爺さんが風呂敷をかたげてやってきた。布団屋さんは、首にひっかけてからってきた。食器は妻の町から、茶碗、湯飲みなどを持ってきた。以前は背に抱えて持ってきたが、やがて車で来るようになった。品物は物々交換もあった。小麦は、精米所に持って行き、ヒヤムギと交換した。正月はイワシをトロ箱で一箱ずつ買っていた。自転車で、一箱ずつ持ってきたので、何日もかかって運んでいた。木戸爺は、門川から中之又を通って来ていた。天秤棒に担いで、歩いて来ていた。鉄爺は、妻の方から来ていた。

他所へ売る品物もあった。祖父の頃には、広い畑で栽培した麻を紡いで織っていた。アサムシオケはカバやミツマタも蒸すのに使った。ミツマタ、カジ、ハチク、ガラタケ等の竹の皮も売った。竹の皮は、弁当を包み、団子、アクマキを包むのにもよかった。ムシオケに、麻が折れないように曲げて入れ、げたをはめて蒸した。その後、元の方から平皮だけをサーッと剝いて何本かずつ束ね、一〆ずつ干した。麻は灰汁で叩いて、オコギ場で竹でこいでいた。夏にはシュロの皮を剝ぎ、農協を通じて売った。葉を落とし、二十五枚で一括りにした。昭和二十年代は、シュロの皮で牛のくつ作りを始めた。シュロは重宝されていた。蓑の注文も多かった。ハチクの竹皮でバッチョガサも作った。

コンニャクも各家庭で作っていた。床の下におき、金になるので傷つけないように気をつけた。床の下に置いて保管したが、買いに来る人がいた。干し柿も作って、中之又に正月用として売った。松尾鉱山ではよく売れた。ミカンと柿を売って、正月用の費用とした。鉱山やダム工事の人が多く、たくさん買ってくれた。卵も売った。

村内の産物は、椎茸とコンニャク、カジ、ミツマタなどがあった。炭焼きは専門の人がいた。木材流しで、地スギで油気の多いものがあり、スギのクレとり、樽丸、屋根材などのスギ、マツ材も搬出した。焼畑のため、作物を作るためにマツを切って枯らしてから焼いた。柿の皮剝きは、十時から十一時までもした。寒い所なので、きれいな干し柿ができた。

戦争後に、行商に来るのは衣料品が多かった。薬屋は以前から来ていた。魚は生魚、干し物などを何日かおきに持って来ていた。鰹節を持ってきて、二、三週間泊まってから売っていた。奥座敷に泊まってメジロをとっていた人もいた。店があったので、米、酒、乾物類などは揃っていた。

当時は六百人いたのが最高だった。一世帯に八～十人いた。五班ある中で、各班五十～六十人はいた。人が多く、山の神の所に町が出来ていた。遠くから売りに来ても、人が多いのでよく売れた。卵一個売って、トウジンボシ二匹が買えたという。石の元には、移動製材も来ていた。駄賃つけは馬で、小八重の下から一本杉、岩根越しを通っていた。昭和初期には、本流瀬に堰を設けて苔をついて材を溜めては流したと祖父が話していたという。

また、台所や農具などの金物や切れ物などは、集落に鍛冶屋さんが一軒あった。打越にもあった。えぞ鍛冶といった。各集落には、桶屋がいた。タガ締めや大きな樽などの補修をした。石切屋は石臼の目切りを回ってきて修理した。トウフやソバ、ヒエをひく臼の状況を知っていて、その時期になると回ってきた。人によっては、自分で竹や桶製品を作っていた。職人は泊まり込みでやってきて、近くから依頼にくる人の注文に応じていた。

昭和四十年頃までは、球磨鎌の出張販売があった。陶器屋は、妻から瀬戸物売りにきていた。竹の器を家ではよく作っていた。おやつ入れにしたり、ソバ入れ、つゆ入れにしていた。御器は各家にあった。中が赤で外が黒の御器だった。上揚にはボンクリ（盆刳り）さんがいて、塗りのなされたものを作っていた。尾崎さんのものが、今も残っている。銀鏡では熊本方面に買い物に行っていた。中之又は、ほんの近くという印象があった。

正月には、爺さんが盃とタオルを持って親戚回りをした。正月参りは、一日がかりだった。親戚同士の結婚も多く、打越に一日、中之又に一日と、都合三日を要した。郵便屋さんは、中之又に配達に行き、一週間ぶりに帰ってきたこともあった。道ができてからは、瓢丹淵から配達をするようになった。

富山の入れ薬屋も年三回はやってきた。現在もそれは続いている。通常は、まじないで祈禱してもらったり、漢方薬を飲んだりした。また、ムカデを油につけたり、スズメバチの羽根を塩漬けにしたりして、腹薬とした。また、マムシをビンにつけて腹がせく時にのんだ。風邪には、梅干しの黒焼きを飲ませた。タヌキの塩漬けも、風邪、腹痛、下痢など何にでも効いた。

薬になる植物を人々はよく知っていた。ゲンノショウコ、センプリは腹・胃痛に、キハダは腹痛、ドクダミは膿んだ傷口部分に塗るとネブの膿を吸い出した。ヘグロはネブが出来る前に塗ると、痛みが出る前に潰れた。ウメノキナバやクワノキナバは、ガンに効くといわれた。

㈢　仕事と暮らしの道

中武菊弥氏は、尾八重の一本杉から国道の吐合までの道を、荷運搬によって生計を立ててきた経験を持つ。

「若い頃には、幅一メートルほどのキンマ道にソリを牛に曳かせて吐合まで持って行った。吐合には三十戸ほどの家があり、農協も酒屋も先生の住宅もあった。そこでは、牛の子の競りもあった。

中武菊弥さん

車はそこまでしか来なかったので、ソリで曳いてきた炭を倉庫に積んでおき、四トン車で下へ運び出していた。事務所もたくさんあった。

昭和二十六年頃は十分な道もなく、台風で大水が出た時などは材木を川に落とし込んで川流しをしていた。それを堰を作って止め、吐合で引き上げて運んでいた。危険な仕事であり、人が材木の下に吸い込まれたら、水圧がかかって上がりきれない。それでその仕事をやめて、キンマ曳きを十六年間続けた。当時、男の一日の賃金が六百円だった。牛とキンマで運び、木炭一俵が三十円から四十円で、それを四十から五十俵運び、一日に四、五回往復して、日に千円以上稼いだ。当時としては、およそ二人分ほどにも当たる賃金でよく働いた。これで、弟二人の学資も出してやることができた。

尾八重の一本杉の辺りまで行き、そこから上って二十俵ほど牛に曳かせて岩井谷の峠の掘り割りの所まで運んだ。それを一日に二回上げて、夕方にそれを一つにまとめて吐合に下った。それが日課だった。そして、夜には山師さんがいるので、味噌醤油の荷物を積んで行き、牛を連れて帰り餌をやってから休むという一日だった。朝早くから夜遅くまでの仕事を十六年間続けた。今ふり返ってみると、人のしない仕事をよくやったなあと思う。

道を歩く時は、荷物を真ん中に通すので自分は道の端をいつも通った。牛も体格のいい大きな体つきだった。自分の体は小さかったが、よくやったと思う。かつては、小八重には、上に六戸、中に六戸、下に五、六戸あり、集落には人がたくさん住んでいた」（中武菊弥氏の話）。

代参の人にとっても、道は重要であった。旧二月二十四日は、火除け宇納間地蔵の代参祭りの日だった。上・中・下から代参が二人ずつ出た。行く順番は、くじ引きで決まった。一人が何軒分かを受け持ち、帳面を持っていき、印鑑を押してもらって御札を貰った。朝は三時頃出発した。まだ暗いので、マツの根（芯）をもって明かりにして歩いた。十三〜十四キロもあった。代参は、一家から一人ずつ行った。宇納間の地蔵さん参りには、中之又、児洗越え、水清谷を通って行った。渡川越えから水清谷の道もあった。上班、中班は二人ずつ、下区は十二戸くらいの中から当番があった。

中武畩好氏は、親の代わりとして子どもの頃に三回も行った。明くる日は車で帰った。バスに乗り、椎葉線から児洗線に乗り換えてこぶ所まで来て、そこからまた歩いた。「三迫一里（みさこ）」という。代参は、山越えの道であった。夕方向こうに着いた。その夜は泊まって、翌日にお参りしお札を貰ってきた。帰りは乗り継いでこぶ所まで来た。当時はめったにバスに乗ることもないので、嬉しかった。昭和二十年代初めには、バスはめずらしかった。

中武貞夫氏には、初めて乗ったバスの記憶がある。最初に乗った時、「怖かった」という印象が中武氏には深く残っている。乗った時に、バスが動くことにびっくりした。乗っている感覚と外から見ている感覚が同じで、乗ったという感じが分からなくて怖かったという。がんたれバスといわれた木炭バスは、かまえの峠を上がることができなかった。道が狭く、がたがた道で、人が走るくらいの速さだった。三輪車もあった。叶の川からの道で乗せてもらうと、「坂はおせよ」と言われた。坂になると上がらないので、ポンッと飛び降りて後から押した。

昔は、中の道を西へ行き、一本杉を通って、穂北の竹尾寺まで観音様の祭りに行った。母の病気回復祈願に祈禱をしてもらうためだった。つづしまで行くと、えらいな町に来たという感じがしたと言っていた。

金比羅参りは一年に一回行っていた。四国から素焼きの徳利に入ったお神酒を持ち帰り、地区の人が集まって飲み方をした。ある頃から地区に勧請して、そこに参るようになったのが各所の金比羅さんである。それ以前には、伊勢参りもあった。昔の人はよく歩いた。足車というほどだった。

外から、炭焼きのためにやって来た人もいた。和歌山からも、やって来た。博労もこの村に何人かいた。牛を育てて、渡川や木城方面に売りに出かけていた。昔は馬がいた。馬乗り場もあった。日之影からは、研ぎ屋さんがやって来た。一日に百枚以上は研ぐといわれた。

通婚圏は村外では、八重、中尾、銀鏡からも縁があった。結婚は村内が多かった。中之又との結婚話も多かった。他所からの山師も来ていたので、寒川や三財辺りとの話もあった。結婚式と披露の宴会は家で行った。ほとんど集落内で行っていた。夜に歩いて鉢の窪まで行った。吐合の人は、湯前まで式用のイワシを買いに行ったこともあった。

結婚の時には、道ふたぎがあった。嫁をあげるのが惜しいという意味もあった。これはお祝い事であり、関係の人から頼まれることもあった。若い人たちが盛り上げたが、その真意は嫁にやるのが惜しいというものだった。もう一つには、この後の祝いをする酒をいただくという思いもあった。昭和三十四年頃まで、このしきたりはあった。

結婚の時に道をふたいでもらった人の名前は次々に思い浮かぶという。中之又に行く時に、ふさいでもらった人もある。行列の通る道を挟んで注連縄を張り、それに松竹梅で飾りつけしたのを持って若者は待っていた。間に合わない時は、物干し竿を使った。お祝い行列の人が向こうから何か物を言うまでは口を開かなかった。「これはどういうことか。こりゃあ、容易ならん」と言って掛け合い問答になった。「うんにゃ、この娘は昔からわしが見初めちょったんじゃが、嫁さんに行くのはまかりならん。相通すわけにはいかん」。しばらくは問答となる。

「今日が期限で連れて行かなければならん」「ほんならしょうがない」「その印にお祝いの歌を歌うてくれんか。一本（焼酎一升）やるから」。そこで、若者の祝い歌が出る。その次に、祝い歌を返してもらって「相通す。はいどうぞ」と、嫁の行く道を開けることになる。

また、樽提げの儀式もあった。嫁をもらった家に若者が樽を提げて行った。金ざおといった。竹の竿に樽を提げ、正月のような三角の祝い紙と松竹梅をつけた。祝いが始まり、口上があり、祝いの歌となる。本座では「祝いめでた」の歌がある。「祝いめでたの若松さまよ　枝も栄える葉も繁る……」の歌が終わると、返し歌が出る。採り歌でぼーんと出て行く。「この夜座敷はめでたい座敷、……」と樽をもって祝い込む。「鶴と亀とがうまやのもとに、……」三番の締め歌があって、中の本座があってめでたく樽提げの儀式が終わる。そこでようやく、中へ入ることが許されて宴席に加わることになる。

結婚式は、嫁なかせである。本家では親子二晩泊まりになるので、盆正月がいっしょにくるようなものだった。幾組の花嫁行列が、この道を通ったことであろうか。

尾八重神社

おわりに

かつての峠道は、稜線を走る幹線の林道としての役割に姿を変え、現在でもその重要性においては変わりがない。最短の距離で走る道は、旧来からの道に合致することが多く、道幅の拡大は、車社会を迎えて行き来や生活上、計り知れない便利さをもたらした。集落と集落を結んでいた小道は使われなくなり草木に覆われて、忘れ去られようとしている。集落の中心地としての象徴であった役場は、道路開通によって川沿いの便利な地へと移転した。道は上から下へと移り、新たな開発工事の中で、集落には様々な施設が集中して建設された。道の変遷は、人々の暮らしや仕事の姿も変え、人々の出入りも変化させた。

現在、東米良地区尾八重の各集落に残る戸数は二桁を数えるほどになっている。そこに住む人々は、ユズ栽培や椎茸、ワラビ、ゼンマイ、タケノコなどの林産物を大事にしながら元気に日々の生活を送っている。日頃は静かな集落であり、これまで伝えてきた暮らしの習俗や信仰の行事を伝えてきている。

しかし、十一月下旬の神楽の日には外へ居を移した人々や子どもたち、親戚や知己など多くの人々が訪れ集落が一気に賑わいをみせる。神庭の周囲では振る舞いの料理が出され、店が並び、焚き火の周辺では久しぶりの懐かしい歓談をかわす姿がある。集落を去った人々は、転出先でお互いに連絡を取り合い、西都市やその他の地において定期的に神楽の伝承活動を継続し、本番を迎える勢いを保っている。この時こそが一年の最大の楽しみなのである。特に本年平成二十三年は、尾八重神社創建の五百年目にあたり、神社本殿や鳥居、周辺の整備や尾八重神楽解説書発刊など精力的な記念事業の取り組みが進められており、その準備にも一段と熱気がこもる。道が一段と輝きをみせ、そこを通る人々の心にも歴史の灯がともる。そんな印象を深くする。

道をめぐる風景の変化は、これからも続くであろう。しかし、故郷へと急ぐ人々の心に思い浮かぶ道の風景は、かつての懐かしい日々のままにあるのではないだろうか。

［調査協力者（話者）］（敬称略）

中武畩好　中武貞夫　中武菊弥　中武　健

中武トメノ　元水　均　中武安士司　中武　勝

第二節　塩の道をさぐる

──資料と聞き取りをもとに──

はじめに

台風による大雨も上がり、大きな雲の中からきれいな虹が西の空へ向けて延びようとしている。人々がどうしても避けることのできなかった台風のように、くらしにおける塩の確保も避けて通れないものである。人々のくらしに、一日もなくてはならない大切な塩。延びていく虹のように海から山へ、一本の道が延びていた。塩を運ぶ道である。その塩を、心から待つ人々がいた。一本の塩の道は、人々のくらしをつなぐ命の道であった。

塩は、生活の中に、どっしりと存在感をみせている。塩を生産する人々は、どんなことを考えながら塩づくりに努め、切実に塩を求める人々の顔や、関わりを想像して塩づくりを進めたのであろうか。また、その塩は、その土地のくらしの中で、どんな役割を果たしたのだろうか。そんなことを頭に描きつつ、長年のくらしの営みにおける塩と人、塩と土地、塩とくらしに視点をあてて考えてみたい。

平成元年、私は戦前の塩づくりの話を聞くために、大炊田地区（宮崎市佐土原町）の古老を訪ねた。しかし、地区には、太平洋戦争期に召集があり、ほとんどの方が還らぬ人となっておられ、伝承者からの話を聞く機会を得ることができなかった。しかし、何人かを訪ねるうちに、それを伝え聞いている人、戦争中に若くして塩づくりをされた方に出会うことができた。

また、塩の道を胸に描いて、塩の運ばれた道を記録したいと考え、ある日佐土原から三財、寒川、西米良への道を踏破する予定で、リュックを背に勇躍出かけたことがあった。三財のある家で訪ねた方が、「うーん、もうそんな年代の方は地区にはおられないよ」と話され、伝承としての聞き取り調査には、時代的にもう限界があるのだなあと落胆して帰ったことを覚えている。以来、能登の塩づくりや瀬戸内海の塩田などに関心を持ちつつ、そのままに時を過ごしてきた。

大炊田の浜

しかし、塩の道に対する思いは、現在も胸から消えることはない。今回、課題解明の無理を承知でその一部を記録することにした。現在の時点で伝えられること、これまでにわかってきたことも合わせて記すことができればよいと考えて、記すことにした。

今回の内容は、先賢が調査された文献や記録調査の転載が多く、研究のスタイルをなしていないが、塩に関する資料の紹介という意味を込めて掲載した。あえて、御了解をお願いしたい。

一　藩政時代の塩づくり

宮崎県内に見られる塩のつく地名を、『角川日本地名大辞典』（角川書店）により見ていくと、宮崎市には塩湧、潮見町、大塩道下、延岡市には塩浜町、西都市には塩水、塩ケ迫、新富町には塩冶、高鍋町には塩田、上ノ塩入、下塩入、高千穂町には塩井谷、塩井宇曽、塩市等（高千穂には、このほか、塩井、塩井川、塩井平、夕塩、古夕塩の名もある）がある。また、門川町には塩屋ケ内、塩坪、北方町には塩田、佐土原町には平松塩浜、塩水ケ谷などが見られる。

塩づくりは、どんなふうに行われていたのだろうか。渋沢敬三は、直煮、藻塩焼き、揚げ浜、入り浜という四つの段階を、海水から塩を採る方法として挙げている。（『民俗学辞典』東京堂刊　二五〇頁）

(一)『門川町史』より

『門川町史』は、門川町庵川の薗田家にある次のような文書を掲載している。以下、その内容解説の一部も転載する。

塩浜預手形之事

一　塩浜壱カ所　但別紙絵図并諸道具附立之通

右者於藤村貴殿所持被成候処当寅正月より来ル午十二月迄丸五カ年之間御預ケ被下慥ニ預り候処実正ニ御座候右礼銀として此度銀壱貫九百目相渡申候、右之浜大切之場所ニ御座候間損シ申候節は此方より修復仕貴殿方之御世話相掛申間敷候　万一大土手大破ニ及候節は貴殿方より御立合の上半方御加勢被下候筈ニ相極申候

一　塩焚釜之儀は貴殿方より御世話被下筈ニ相極申候其外損シ等御座候は此方ニて修復仕候

一　塩浜場所ニおひて如何様成義出来候共私引受之内は少も貴殿方え御世話相掛申間敷候

一　御運上銀之儀は年々貴殿方え相渡可申候間其元より御上納可被成候

右之通急度相極メ置申候処相違無御座候勿論五カ年過候節は右浜元え通相戻し可申候為後日書為替壱冊以而如件

寛政六年

寅正月

浜預り主庵川村

喜平次

受入同村弁指

文　七

後藤新兵衛殿

借用申銀子之事

一　銀三百目也

右借用申処実正ニ御座候返済之儀ハ当二月限元利無滞急度返済可仕　候万一相滞ニおひては預り之塩浜如何様にも御勝手次第可被成候為　後日以而証文如件

寛政六年

寅正月　　庵川村

喜平次

後藤新兵衛殿

覚

一　銀百九拾四匁弐分壱厘

右は此節塩浜預りニ付御書付之通品々代并所々引合銀相違無御座候　尤引合相済次第急度差上可申候為其一札如件

寅正月日　　庵川村

喜平次

後藤新兵衛殿

この文書には、さらに、次のようなものがついている。

一　銀壱貫六〇〇匁也
　寅閏十一月　利銀貳百三拾目四分
　卯十一月　元入四百目
　　　　　　利銀貳百三拾匁四分
　辰十一月　元入四百目
　　　　　　利銀百七拾貳匁八分
　巳十一月　元入四百目
　　　　　　利銀百拾五匁貳分
　午十一月　元入四百目
　　　　　　利銀五拾七匁六分
　　　　　之ニテ皆済

右之通返納可仕候以上
　寛政六年　　　　　喜平次
　寅正月　受入同村弁指
　　　　　　　　　文　七

同断同村百姓
十　蔵

小曽戸惣右衛門様
御取次
後藤新兵衛殿

これは、庵川村に後藤新兵衛が持っていた塩浜（塩田のこと）一か所を、寛政六年（一七九四）寅年の正月に、同村の喜平次が、同年から来たる午年（寛政十年）の十二月まで預かって経営することとなった関係の文書で、この預かりの御礼とあるが、実際は借り賃で、銀一貫九百匁目を支払った。そして、塩浜の経営についての契約は、もし塩浜を損じた場合は借主が修復をすること、しかし大土手が大破するような災害の場合は貸主が半分負担すること、塩焚用の釜は貸し主が世話し、破損したら借主が修復すること、塩浜で紛争などが起こった場合は借主が引き受けて処理し、貸主には世話をかけない、運上銀（塩浜運上といった）は年々貸主の所に届け、貸主が上納する、ということであった。

しかし、喜平次は庵川の百姓であったから、一貫九百匁の銀は持ち合わせていたのではなく、後藤新兵衛の取り次ぎで小曽戸惣右衛門から借りたもので、そのうち三百匁を差し当たっての諸入用に充てるもので二月中に返済し、残りの一貫六百匁は五年間に年賦償還をなす定めであった。（後略）（『門川町史』三一九～三二二頁）

前掲の史料から、十八世紀後半、庵川においては、塩浜を貸与しての塩づくりが行われていたことが分かる。また、その形態は、後藤新兵衛なる人物が、借主の百姓の喜平次に経営させるものであった。喜平次は、経営資金を借用することにし、後藤新兵衛を取次にして小曽戸惣右衛門に対し返済計画を示して借用しようとした。ちなみに、後藤新兵衛は延岡の富豪藤屋、小曽戸惣右衛門は延岡藩の役人、御船奉行であろうと、同史は記している。製塩を通した藩と富豪、そして製塩に従事した人々の姿の一端が窺える。庵川には、塩屋崎という地名が残っているということだが、この地名は、他県にもあり、高知県夜須村では、「潮江志和崎はむかし塩を焼いた故に、塩屋崎というのが本名である」と、その名の由来を記している。（『塩俗問答集』一四九頁　渋沢敬三編　慶友社）

(二)『新富町史』より

『新富町史』には、塩浜検地及び塩浜上納に関する史料が所収されている。「佐土原藩御内検地条目」（抜粋）（「地方史研究資料」第八集所収　宮崎県地方史研究会編）の史料として、

○塩濱高之事

一　塩濱検地者底土や者らかに上盤堅所上地故竿落し掛竿尻おとる堅さ越考合上中下之位を可極事
附底土や者らかに上盤居里少し眞土交りたうち蟹巣立候土味上濱塘涯或人家近く水気ある所又者蟹巣草生候場所者下々濱水差入者尤悪地故其心得を以可致吟味事
一　塩濱高者如先規壱石付塩弐斗掛濱銀八匁運上銀五匁弐分八厘六毛たるへき事

（註）者＝は

塩浜の検地にあたっては、底土の状況を考えて、上中下の位をつけること。蟹の巣や人家近くの水気のある所云々は、尤も悪地であるので考慮して決定すること。塩浜にかかる税については、従来通り、一石につき塩二斗、浜銀八匁、運上銀五匁弐分八厘六毛としている。

㈢「地方史研究資料」より

また、「佐土原藩地方覚」（抜粋）（「地方史研究資料」第八集所収　宮崎県地方史研究会編）には、次のような史料がある。

○　塩濱上納覚

一　銀二貫目程　　濱銀

一　同壱〆百目程　　　札銀
一　塩四拾石程
　　高弐百六石程
　銀八匁五分外ニ弐割銀掛ル
　壱石ニ付札弐枚宛塩弐斗宛
　下田島郷富田今嶋
　富田郷
　　壱石ニ付銀七匁四分
　外ニ右同札弐枚掛ル塩弐斗掛ル札壱枚ニ付弐匁六分四リ

塩浜の上納には、浜銀、札銀、そして、塩を四十石程とある。また、下田島郷の富田今嶋、富田郷への賦税率が記されている。

塩浜や塩づくりを統括し、上納を意図した課税の一端がうかがわれる。

㈣『串間郷土史』より

『串間郷土史』(二一二頁)にも、『拾遺本藩実録』の享保元年(一七一六)十二月十二日の条を示し、塩に関する記述がなされているので、そのまま紹介する。

「福島塩屋原へ弐軒、塩町へ壱軒、右両所ニ塩宿相立他領より塩買へ参候者へ肝煎売渡口銭壱駄ニ付銀壱分五厘、船積塩は壱俵ニ付銀五厘ツツ可申請相極、塩頭より判銭上納は古来より御定之通リニ候、御定法ハ在之候得共当時不入りニ付也」

福島の塩屋原に二軒、塩町に一軒の新たな塩宿が置かれ、他領から塩買に来た者に対し、塩宿が肝煎して売り渡し、その代に塩宿は口銭として一駄について銀一分五厘、船積塩は一俵について銀五厘ずつを買主から申し受けることに定め、塩の代金は塩頭（塩浜の頭）から上納すべきで、それは古来からの御定法の通りにすべきである。（後略）

他領からの塩買い人に対し塩宿を置き、塩浜の塩頭との仲介を通して、口銭を得る商人の姿が見え、塩づくりに従事する人、商人、御定法を通して管理する藩の姿がうかがえる。

㈤『高鍋町史』より

『高鍋町史』（二二五頁）には、『続本藩実録』巻之七の鳴野浜深江（ふかご）の記載がある。（「深江は、現在は深川と書いて「ふかご」と読む。本来は深江であったのであろう」と、町史には記されている。

鴫野深江へ塩浜御取立。御手取被仰付。代官後藤計吉、福崎右衛門、勘定所頭取村井郡左衛門、御用掛定詰内田仲太。十一月廿八日、鴫野浜定目、御用掛へ相渡。

同町史には、高鍋近郷で大規模に製塩が行われたのは寛政元年（一七八九）十月二日からであり、塩浜に係る役人組織や組織条目まで制定しており、相当の規模であったことにふれている。三つの藩に関する事例の断片を史料で見たに過ぎないが、各藩が製塩に関して組織を通し、徴税の対象として管理下に置いていたことを読み取ることができる。

二　明治時代以降における県内の製塩

『塩製秘録』巻七（四三七〜四三八頁）（名著出版）には、製塩法の主なものとしての、揚げ浜、入り浜についてこう記されている。

「揚げ濱といふは、満潮の湛へきわ磯なり。干除たる跡は潟なり。潟の上浪たたえさる巻上け砂の処を濱といふ。此濱砂を平し、汐を荷ひ、洒きかけかきさかし、日にさらし、塩つく砂をかき集め、沼井に入沼井塩垂す所なり潮をかけ垂し、其垂汐釜に入、塩に焼き、是を往古より伝ふる揚げ濱といふ」

「入濱といふは、汐の干潟に堤を築、堤内の濱に溝を構ひ、満汐には潮を溝に湛へさせ、上は砂を乗らさる程にして濱底に融通させ、上へなる砂をかきさがし、日にさらせば、砂の乾くに随ひ底の汐を吸上げ、上砂に汐つくる法なり。砂を集めて汐垂す事は揚濱も同じ事也。打汐にて汐つくると違ひて吸上けさせ、汐つくるにより、揚濱よりは能汐付くにより、垂汐濃く塩の出来増格別なり。是を後世の入濱といふ」

(一)　塩業の推移

時代が下がって、明治期における日向の塩づくりはどんな状況だったのだろうか。

明治期における製塩については、宮崎医科大学教授・中島寅雄氏による『塩の需給と生活慣行――近、現代日向の場合』（「宮崎県地方史研究紀要」第十三輯所収　宮崎県立図書館）の研究があり、多くを学ぶことができる。中島氏は、「塩の道を単に交易の道だけでなく、塩の生産そのものがたどった運命としての、みちも考えてみたいと思う」として、塩の需給、交易としての塩の道、塩関連生活慣行、一九四〇年代の生産と消費の視点から論述されている。近・現代の塩業の推移について、七点（註・まとめ一部変更は筆者による）を記している。

①明治初期、生産高の地域別変動がみられた。

②日清戦争以降、安価な外国産塩の流入による外国塩との競合があった。

③明治三十七年（一九〇四）、塩専売制度が施行された。

④明治四十四年（一九一一）、第一次塩業整備により、宮崎県は廃止対象地となった。
⑤昭和四年（一九二九）、第二次塩業整備。国内生産増大と外国産の輸入増加に伴う供給過剰事態対応のため。
⑥太平洋戦争期、昭和十七年、自家用塩制度、昭和二十年、自給製塩制度などにより、廃止塩田の復活。宮崎県でも、旧塩田の復活があった。
⑦昭和二十五年以降、自給製塩の整理により、塩田の集中化が行われ、製塩方法の変革などがなされた。

今回の私のテーマについての塩にかかる調査は、⑥に関係する内容が中心となっている。

明治年間の塩田地状況を知る資料として、「大炊田の塩田を見る　柏堂」（「宮崎新報」明治三十五年六月一日　宮崎県立図書館所蔵）記事を中島氏が紹介されているので、少々長文であるが転載する。（上、中、下ノ一は省略し、下ノ二のみ）

▼斉藤氏（直志氏－製塩業者組長、引用者注）に導かれて、同家の裏手を抜け、行くこと未だ一町成らずして、忽ち浜辺の景色を、一面に見晴らすべき、佳勝の地に出づ、乃ち塩田はその入り江に瀕し、南北の二大区域に分たれ、南は広袤（こうぼう）（面積）約二十余町、北は約四十余町もあるべく、実に結構なる天然の好塩田とも云うべき処である。
▼南の大塩田は全部、大炊田部落の共有に属し、北の大塩田中には、幾分か平松部落の箇所が籠

一ツ瀬河口

っている。潮溜を為すので、今度両塩田の周囲に四百三十間と、四百八十間の堤防を築き、且つ八九カ所の水門と暗渠とを設け、その落成式を挙行されたのも数日前のことで、両堤防の中間には、小堀川が流れて居る。

▼ソコで軽舟に棹して、その小堀川を下り、北の塩田の堤防に上がって、行々現今の実況を見ると、殆に手を入れて、兎に角児御乃出来得る迄に、開きし塩田もあり、未だ手を入れず七島(しちとう)の茂生して少しく水溜のある天然の箇所もある。手を入れて開きし塩田は、総面積の十分の一位にて、其他の大部分は未だ天然のままで手が着けてない。

▼併し元来が、天然の塩田地であるから、これを開いて完全なる塩田となすこと、別に巨額の費用を要するでもなく、唯茂生せる七島を除いて一体に平地となし、潮を引き入れて湛え置く、幾筋の溝を通する迄のことだ。斯の如き有望の塩田地を空しく七島の茂生に委して棄てて置くのは惜しいものである。これを全部一体に平均して、完全なる塩田となさば、実に見事なものであろう。

▼北部塩田の堤防は、一瀬川の支流に沿いし処の松山までで尽きている。夫れから松山附近の塩田を通りて、凡そ七八町も往って見たが、其処にも一の水門があって、右一瀬川の支流より、

潮水が出入するようになっている。又、塩田の廻りに掘ってある、小さな潮溜の水を味うてみしに、何れも中々塩分を含んでいた。これより引返し前の堤防に出でて、東の方を見ると、南北の両塩田に接して東部にも、七島の茂生した処が多い。此にも数十町の塩田地が出来るようになれど、何分にも堀川の裾で水溜が多いから、余程手を入れぬとむつかしい。行々はこれも一大塩田にしたいものである。

▼やがて、再び元の軽舟にて小堀川を遡り、今度は南の堤防に上がって見たが、北の塩田よりは人家に近い処だから、手を入れて開いた塩田が多い。これらは、皆今日事業を遣って居る場所である。されどこの区域にも遠く離れた箇所には、例の七島が繁茂して、天然の儘に棄ててある。福島の川口からここまでは、殆ど一里ばかりも入込んで居るのに、満潮の際は両塩田とも、総て塩水に浸され、殊に塩分が多いと云うことだ。

▼これで、だいたいの実況は見て了ったから、一旦斉藤氏方へ引取り、現に氏が製しつつある塩、焼釜、竈、溜桶杯を見たが、至って簡単なものである。夫れでこの部落の人々は農業の傍らこれを製し、直に市に販(ひさ)いで金に代ゆるから、小使(マヽ)いなどには不自由をせぬと云うことである。

（後略）

佐土原大炊田地区の景観を想像させる貴重な資料である。（＊本文中には、現在使用されていない不適切な表現があるが、当時のものとして扱い、原文を掲載する。）

(二)　明治初期における県内の塩生産額等

県内には、県南から県北まで、良好な海岸線が続き、製塩が行われた。表1は、県内の製塩状況である。地名と位置が分からないため理解しにくいことを御容赦願いたい。明治十八年の製塩は、南那珂(当時の郡名で表現する)が断然多く、次に延岡周辺が多い。佐土原のある北那珂はさほど計上されていない。全体の製塩額が大幅に減少し、なかでも南那珂の製塩額が際だつが、詳細は不明である。その中で、次第に佐土原地区の生産額が増加している。

また、表2・県内塩田の営業反別からは、明治二十一年に前年の一・二五倍の面積増があるが、全体的には微増である。佐土原、新富町日置浜は、塩田面積が特に広い。また、延岡の面積も広く、その中の笹目端の製塩面積も安定している。

表3・県内塩田における営業人及び工数によると、営業人については、全体的には微増であるが、明治二十二年に前年の一・一九倍に増加している。これは、二十一年に、製塩面積が八十七町から百九町へと、一・二五倍に増加したことによる影響ではないかと考えられる。製塩に従事する人数(工数)については、一時の増加は見られるが、明治十八年から二十三年にかけて見てみると、ほぼ二分の一以下に減少している。男性が女性よりやや多い傾向にあるが、次第に同数に近づいてきている。

表4・県内塩田の反別営業人及び工数によると、明治十九年には、北那珂佐土原地区、南那珂塩

表1　明治中期における県内の製塩

（単位：石）

浜　名	明治18年	19年	20年	21年	22年	23、24年
大炊田浜						682
二ツ建	955	675	550	514	553	249
平松						489
平山浜			38	38		
風田浜				8		
塩鶴浜	**4873**	**4873**				島山3
塩田		**4200**	238	23	208	200
外浜			141	13	210	
永道瀬			135	15	100	134
綿地			40	4	39	読めず239か？
法ノ瀬			17	2	7	8
塩浜		24	25	25	25	344
目井津		50	5	277	363	272
栄松		30	69			
早風浜		62	50	65	65	66
新潟	**57800**	37	40	44		
浜田	80	98	100	120		
新浜	**5814**	**5815**	**6148**		300	214
塩田			**4800**			205
西浜				**2038**		366
市木浜				45	8	10
二本松				**3346**	307	**685**
新浜	1583					須崎86
下富田浜						
長谷浜				18	18	
日置浜	708	518	704	560		
高松浜						
富田				332	385	
笹目端						
曽見屋	222	173	96	15		
平原				12		22
飛河内						
内浜	**5000**					
合計	77038	16533	13187	7468	2603	4274

（『県古公文書』　＊明治19~22年度統計及び内務報告より作成）

註　太字は、筆者による

表２　明治中期における県内塩田の営業反別

（単位：町・反）

浜　名	明治18年	19年	20年	21年	22年	23､24年
大炊田浜						13.6
二ツ建						
平松		21.3		21.9	21.9	9.8
平山浜		1		1		島山0.7
風田浜						不明
塩鶴浜		15.1				
塩田		7.1		8.8	8.0	8.0
外浜				5.2	8.1	9.0
永道瀬				4.9	4.0	3.9
綿地				1.5	1.4	1.4
法ノ瀬				6	2	0.1
塩浜		3				0.3
目井津		6		3.1	2.9	3.0
栄松						
早風浜		7		7		
新潟		5		9	7	
浜田		1.5		1.5		
新浜				10.6	10.6	
塩田				塩浜3	塩浜3	塩浜3.2 3.6
西浜				2.9		3
市木浜				7	5	0.4
二本松				4.9	8.8	5.7
新浜		13.0				
下富田浜				4.6	7.2	
長谷浜				8	9	
日置浜				30.1		
高松浜		46				
富田				2.4		
笹目端				13.4	13.6	13.6
曽見屋						
平原		18.1				
飛河内						
内浜						
合計	86.1	82.9	87.5	109.2	89.1	合計誤 98.4

（『県古公文書』　＊明治19~22年度統計及び内務報告より作成）

表３　明治中期における県内の塩田の反別営業人及び工数

（単位：町・反・人）

浜名		明治18年	19年	20年	21年	22年	23年
塩田反別（町・反）		86.1	82.9	87.5	109.2	89.1	98.4
営業人		511	598	641	875	1046	847
工数	総数	4884	3104	2788	3101	2441	2274
	男	2799	1803	1605	1696	1341	1143
	女	2085	1301	1183	1406	1100	1131

（『県古公文書』　＊明治19~22年度統計及び内務報告より作成）

鶴浜、新浜が塩田面積も多く、営業人も同様の傾向にある。しかし、製塩に従事する人数については、塩鶴浜、新浜以外に、塩田、新潟、浜田など、面積や営業人のさほど多くない地域に増加していることに注目したい。また、高松浜、延岡平原周辺も多くの従事者が見られるが、減少の傾向にある。

以上、県内の製塩状況について見てきたが、さらにより多くの詳しい資料による考察が必要とされる。

①塩籾交換に関する県知事の文書より

明治三十七年（一九〇四）、塩専売制度が施行された年の状況について、興味深い資料がある。佐土原町平松の長友和子氏は、「平松地区の塩つくり」の研究の中で、落合岩袈裟氏宅に残る塩籾交換に関する県知事の文書を紹介している。

指令四大五二一一三號

宮崎郡廣瀬村　　落合岩袈裟

明治三十六年十二月十六日付　願塩籾交換ノ件許

表４　明治中期における県内の塩田の反別営業人及び工数

（単位：町・反・人）

浜　名	19年塩田反別	営業人	工数総数	男	女	21年総数	22年総数	23年追加
大炊田浜							270	
二ツ建							114	畠山4
平松	21.3	180	208	123	35	644	126	
平山浜	1	2	7	3	4	7		
風田浜		3	8	5	3			
塩鶴浜	15.1	150	600	310	290			
塩田	7.1	88	350	185	165	192	190	
外浜						154	170	
永道瀬						111	98	
綿地						105	122	
法ノ瀬						39	40	
塩浜	3	3	14	6	8	6	13	
目井津	6	10	49	26	23	56	55	
栄松								
早風浜	7		31	16	15	13	23	
新潟	5	4	284	141	143	282		
浜田	1.5	6	422	210	212	418		州崎30
新浜	13.0	130	130	390	260		50	
塩田							230	児湯
西浜						113	132	
市木浜						20	25	
二本松						264	122	
新浜								
下富田浜						142		
長谷浜						35		児湯
日置浜						215		塩浜
高松浜	4.6		305	100	205			280
富田								
笹目端								
曽見屋						105		
平原	18.1	16	436	418	18	180	180	
飛河内								
内浜								
合計	(102.7) 82.9	598	3104	1803	(1261) 1301	3101	2274	

（『県古公文書』　＊宮崎県立図書館蔵　明治19~22年度統計及び内務報告より作成）

可ス
但左ノ通心得ヘシ
明治三十七年三月二十六日
宮崎県知事　　岩男三郎

心得事項

一　交換又ハ受渡ヲナス場所ハ籾提供者ノ住所ニ限ル且ツ其運搬ハ塩提供者に於テ行フヘシ
二　交換又ハ運搬ハ許可本人又ハ其家族ニ限ル而シテ交換又ハ運搬ヲナス場合ニハ許可證ヲ携帯スヘシ
三　交換者ハ双方共各自帳簿ヲ備ヘ交換ノ都度塩及籾ノ数量年月日ヲ記載スヘシ
四　交換ノ為メ籾ヲ受授スル期間ハ毎年十月一日ヨリ翌年三月三十一日までトス
五　交換シタル籾又ハ塩ノ数量ハ毎年四月末日マテニ本庁ヘ届出ヘシ
六　前各號ノ條目ニ違背シ又ハ慣行改悛ノ実挙ラスト認ムルトキハ何時タリトモ許可ヲ取消ス事アルヘシ　以上

この資料から、塩の交換品が籾であったことが知られる。塩と籾の交換は、籾提供者の場所に限り、それに係る運搬は、塩提供者が行う。それが出来るのは、許可された本人又は家族に限り、許可証携帯を義務づけた。また、交換の度に帳簿に事実を記載し、交換期間やその届出を提出させ、違反や慣行が改まらない場合には、交換の許可を取り消すとして、強く規制をかけている。

②明治四十年度の「塩製造帳」より

また、長友氏は、樋口吉松氏宅に残る明治四十年度の「塩製造帳」の第一ページにある生産見込高も、紹介している。

> 生産高　　　　斤
>
> 注意
>
> 一　帳簿ヲ調整セス又ハ記載ヲ怠リ若クハ不正ノ記載を為シタル時ハ塩専売法第三十二條ニ依リ三圓以上三十圓以下ノ罰金ニ処スル
>
> 一　本簿ハ製造場内ニ見易キ場所ニ竹筒等ニ入レ備ヘ置クヘシ
>
> 一　納付ニ適セサル粗悪塩ノ受払ハ別ニ口座ヲ設ケ之ヲ記載スヘシ
>
> 一　鹹水製造業者ノ製造売渡ニ係ル帳簿様式ニ準據スヘシ

帳簿記載忘れや不正については、罰金を科し、その遵守奨励や粗悪塩の記載にもふれている。帳簿の様式も示しており、月日、鹹水採収高、比重、同上私用高、比重、焚上釜数、焚上斤数、備考等の項目を設けている。

三　太平洋戦争前後の製塩

塩づくりを経験したこと、見聞したことなどを、聞き取りをもとに記したい。

(一)　佐土原町の人に聞く

①佐土原町二ツ建　東　順一氏

塩づくりでは、六畝くらいの流し角くらいの溝を作る。自分の力に合わせて溝の大きさを加減した。川から海水が流れ込んでくる土地に、きれいに整地して草一本生えないようにりっぱにたたき締めた。それに、浜砂を全面に振っておいた。スコップで薄く一センチ弱振った。朝夜明け前に水を振った。幅が二、三尺ある両脇の水路から、四角のコエビシャクで全面に水をかけた。真ん中に四角のヌイ（沼井）があった。

午後から作業は始まった。エブリ状の板を裏にしたもので、押した。ヌイの近くに乾燥した砂を集めた。乾燥した砂は、パリパリとしており、足で踏むと痛いほどであった。ヌイの下には、サンがあり、竹の簾があって、集めた砂をこれに入れた。竹の簾の下にムシロを敷いた。これに砂を入れて上から潮水を流した。ヌイはおよそ二尺ほどであった。スコップで、ぱあっと撒いた。砂の上に潮水を撒いた。

潮水を漉して、下に樽を置き、樋を置いて漉した潮水の原液を釜で焚き、塩分が二十度になるまで焚いた。最初は濃い茶色の液が出た。これを樽に入れて、塩焚き用の釜に入れた。簾に入れた塩水は、砂で吸収されて漉された。ヌイは、畳一枚ほどの広さであった。大きいと入りきらないので、幅は一間四尺幅くらいであった。

一反にヌイが二つあり、一日にとれる量は、二十度の濃さのもので、四斗樽の桶に四、五本以上はあった。天秤で両端に一斗ずつ、一回に二斗ずつを担いだ。一日に五回として、一石くらいにはなった。大きい畳一枚敷の四角の釜があって、そこで焚いていた。そこへ持っていった。

塩田が始まる前は、浜辺で塩水を振り、かぱかぱした砂を集めていた。

②大炊田（明神山）の塩づくり　藤崎タツギクさん夫妻

明治の頃は、石崎川がずうっと曲がり回っていた。戦後、明神山では、かなりの範囲で作っている人がいた。商売でする人もあり、一軒が五畝くらいで、ほとんどの家が焚いていた。現在のセンターの広場の北の方で焚いていた。

昔の塩づくりは、海岸から桶を両肩に担いで持ってきて、ひしゃくで砂の上に撒いた。砂地を平地にしてその上に撒いた。草も生えてないし、広々としていた。かなり海岸線が出ていた。

塩づくりは、だいたい二人でやっており、それを手伝いに行ったことがある。朝は日が照ったら水を振り方で、夜は炊き方をずっと行った。満ち潮でないと塩の濃度も違うので、その日の潮の上がり具合が仕事始めにも影響した。塩のできあがりは、朝であった。夜通し焚いていた。塩は、一日でできあがった。

塩水を振るのは、一日一回であった。塩水を振った砂（コッパ）は、モゼという板で集めた。塩取り箱に寄せて、水を桶に入れた。セメントの井筒の底をはったようなものであった。桶には、二、三斗以上は入った。高さは二尺くらいだった。砂を入れて漉す時には、底にシュロを敷いていた。一日に一斗くらいの量であった。

次に、桶で釜に運んだ。釜は浜で夜通し焚いた。小屋はなく、夏から肌寒い頃まで作っていたようである。夜が明ける頃、出来た塩を持って帰った。

塩を焚く場所は、点々と離れており、それぞれが分かれて作業した。三尺×六尺の鉄板を敷き、マツの木を柱として支え、燃えないように土で補強した。燃料は、マツの木を焚いた。その日に寄せたものを、焚いて仕上げるのが普通で、その作業は毎晩続いた。雨の日や曇った日以外は、塩づくりをした。砂が固まったコッパを片づけた。川口近くで作るので、塩が満ちる時が塩分が多かった。塩は、ワラで作った三角のものに入れて持ち帰った。ホゴといった。竹の三角で作ったものに入れることもあった。

作った塩は、山地の穂北方面に売りに行った。自家用であったので、売るほどには作らなかった。

大炊田の浜は、塩づくりだけでなく、いろいろな種類の魚が捕れた。魚が捕れると、馬車を持っ

塩田のあった大炊田付近

塩田近くにある二ツ建神社

てきた。捕れる時には、二千、三千の魚が捕れた。トラックいっぱいになるほど捕れた。コンブとかはよそから買ってきた。イリコは、アジとかをひぼかして、それでだしをとったりした。

近くの明神様は、新の九月十五日に祭りがあった。えびす様が祭ってあったが、魚が捕れると、上等な魚を一匹まるのままあげた。地引き網を引きに、地元の人や方々から来る人が祭りに参加してにぎやかだった。

③大炊田（明神山）の塩づくりと販売　安藤助次氏

ここは、昔から塩をとって三納、三財、都於郡などの山手の方へ売りに行っていた。向こうには塩がなくて困っていたので、佐土原から持って行き、食料と交換していたという。米とかが不足していたので、向こうの方には塩の問屋さんがいた。西都の濁川を舟で遡ったり、馬で鹿野田を経由して持っていったという。宮の下辺りを通っていった。終戦後、塩を作って、リュックに入れて、「米でも麦でもよいから替えてください」と言って交換してもらった。

西米良からも、戦後、塩つくりに来ていたと聞いたことがある。以前は、西米良の人が木を伐って川に流し、それをこの一ッ瀬川から海にかけて拾い上げて塩焚きの燃料にし、塩が出来たら約束の時期に、向こうの人に渡していた時期もあったという。

塩売りに、西都市三財辺りまで行くのに、佐土原から歩いて二時間くらいかかった。朝六時頃出て、昼に売って、帰りは二、三時頃になった。

父も小さい頃から親に連れていかれて、一緒に塩つくりをしていた。昭和二十三年頃、堤防が出来るまでは、大炊田の近くまで潮が来ていた。堤防が出来てからは、水田が開かれた。潮が満ちてくると、浜の下まで海がきた。一ッ瀬川の水と海の水が一緒に流れてきた。

大潮の時は難しかったが、小潮の時は溝を掘っておき、平らにならしておき、塩つくりをしていた。普通の塩つくりは、海岸で行っていた。これが古いやり方だ。

海の中ですね辺りまで水に入って、タンゴで水汲みをした。担いだ潮水を浜の上にかけた。浜は坂もなく、波打ち際までの平面が一五〇メートルもあった。

大炊田地区の人々は、ほとんどの人が潮つくりをしていた。広さは、一軒が二反（六百坪くらい）。七十～八十軒のうち、三十～四十軒くらいは行っていた。

夏の仕事であるから、朝も六時から八時頃まで水をかけた。太陽の日差しを受けてかぱかぱに乾

◎塩ができるまでの順番

(1)海水（うみのみず）を砂浜の上に撒く（10回ぐらい）

(2)太陽の熱で乾かす

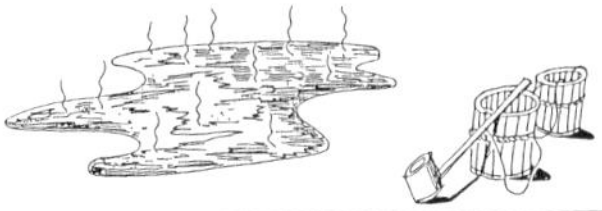

(3)海の水をまいて乾いた砂の固まりを集める

(4)砂の固まりをおけに入れる

(5)その固まりを海水にいれてこす

(6)おけでこした塩水をなべでたく（一晩）

(7)わらづとを通してにがりを取り塩の出来上がりです

みんなで　塩作りに挑戦しよう（安藤助次氏よりの資料）

燥した砂（コッパ）の固まりをマエブリで寄せた。一ミリ半か二ミリくらいであった。

二時間くらい続けてふると、砂がばりばりになってくる。それを、二度の濃度の海水を固めて、穴を開けた四斗樽とか、四角の桶に入れた。これにまた、海水をかけた。すると、塩が漉されて、下に敷いたトーマイ袋に落ちた。最初に出る潮水の塩分の濃度は、十二、三度はあった。普通の作業での濃度は、平均七、八度くらいのものであった。

七度くらいに薄くなったら、作業を中止した。それを溜めて、ドラム缶や桶などに入れて、タイヤで作った車力を牛に引かせて持って帰った。

家には、土で作った釜を備えておき、その上に鉄板を乗せた。鉄板は、幅が一二〇から一三〇センチ、長さが二メートルほどの広さであった。後には、次第に方法も工夫されてきた。大きな釜を松林の近くに据え、浜の方から竹の樋をつないで塩水を流し、作業が少しでも楽にできるようにと要領もよくなってきた。

それに漉した水を乗せ、薪を焚いて煮詰めた。燃料は、山の開墾の木の根株をとっておいて焚いた。後には、製材所のノコクズを持ってきて燃料にした。一昼夜は焚くので、かなりの燃料を必要とした。四斗樽いっぱいの塩水を煮詰めるのに、ひとはえ（一間×三尺高さくらい）のたきものを焚いた。

朝頃に焚いて仕上げると、また、浜に出て塩水をかけた。真っ白になった塩は、ワラヅトを作っておき、掬い上げた。道具には、スキ、マンガ、エブリ、かま、鉄板などがあった。

この塩づくりは、昭和二十一年から二十四年頃まで続いた。仕事は、水かけをする時が一番きつかった。日照時間が多く、気温が高い夏の季節が一番作りやすかった。

④松小路の黒木　茂氏談（『佐土原町史』より転載）

塩田になった土地は入り江に面した低地で所有者もはっきりせず、早い者がちで勝手に塩水が入るように、約八〇センチから一メートルくらいの溝を掘り、その土を田にあげたり、近くの丘や土手を削って田に運び、地均しして塩田をつくった。

塩田の一枚の幅は、両方の溝から一間（約二メートル）の柄杓で、撒水できるくらいであった。平均して撒くのはなかなか難しかったが、だいたい、一振りで六メートルくらい撒いていた。日で乾燥させて集め、精塩するので、田の長さも、あまり大きいものはつくれなかった。

製塩に来る人は、町内の近所の人が多かったが、遠くは都城（市から七十人くらい）、穂北、木城へんからも来て、最盛期には二百人くらいが働き、大いに賑わったもので、塩田もおよそ四十町歩くらいはあったのではなかろうか。

塩を煮詰めるための薪は、軍用材に使った枝木や流木、浜の枯れ木等で、近くの者はあまり苦労しなかったと思う。

作業はまず、早朝から塩水撒き、乾いたらまた撒きして午後かき集め、こし桶（三尺×六尺、深さ一・五尺）に入れ、塩水をかける。その漉した塩水を樽か「かめ」のようなものにため、隣の仕上げ釜（八尺×四尺　深さ五寸）に汲みこんで下から煮詰める。次々に少しずつ汲み入れるので、普通五～六時間かかって真っ白い精塩ができあがる。熱い日中で終日働いてつくった文字通り汗の結晶である。（中略）

こんな状態は、終戦直後の昭和二十一年の半ば頃まで続いたようで、小学校の高等科生徒まで製塩に泊まりがけで来たこともあった。その後、塩田はだんだん少なくなって荒れてしまったが、堤防が完成した昭和二十五年以後は、新しく水田に変わり、やがて養鰻場に変わってしまった。

鴫野深川方面を望む

(二)　高鍋町の人に聞く

①高鍋町鴫野の塩づくり　森　仲吉氏

小丸川の河口、深川、今の鉄橋の西側あたりに、海の水を引き入れた場所があったという。四、五百年ものの松が生えていたといわれるが、その松を切って掘り割りが抜かれていた。掘り割りは、潮の満ち干を利用して考えられたのではないか。満ち潮で、ザーッと上がってきた潮を、汲み上げてかけ、塩を作ったのだと考えられる。

私たちの小さい頃までは、円を二つに割ったような形の、天井くらいの高さの水路があった。その先には、潮が上がってきたの

（昔の図面）

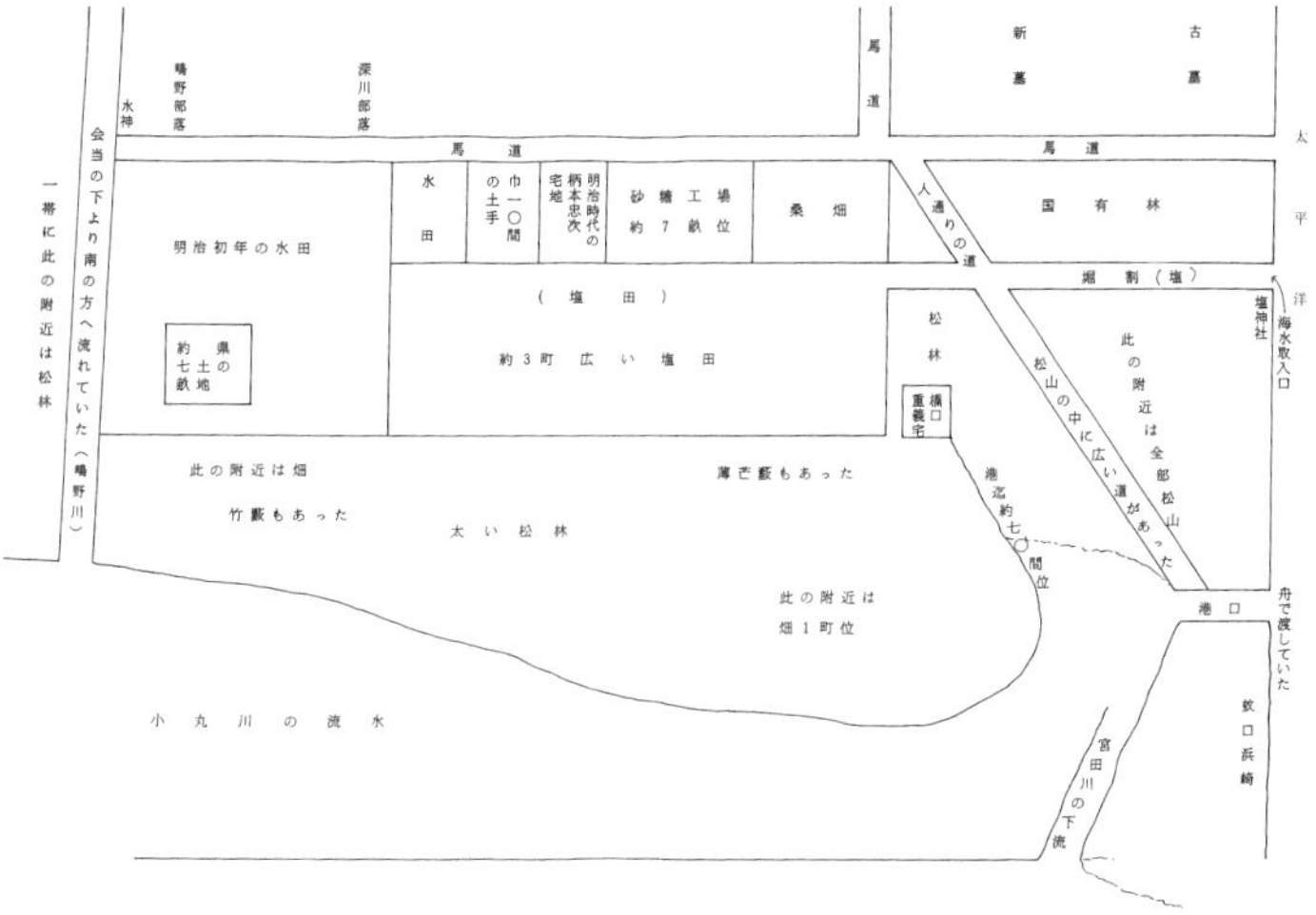

（現在の図面）

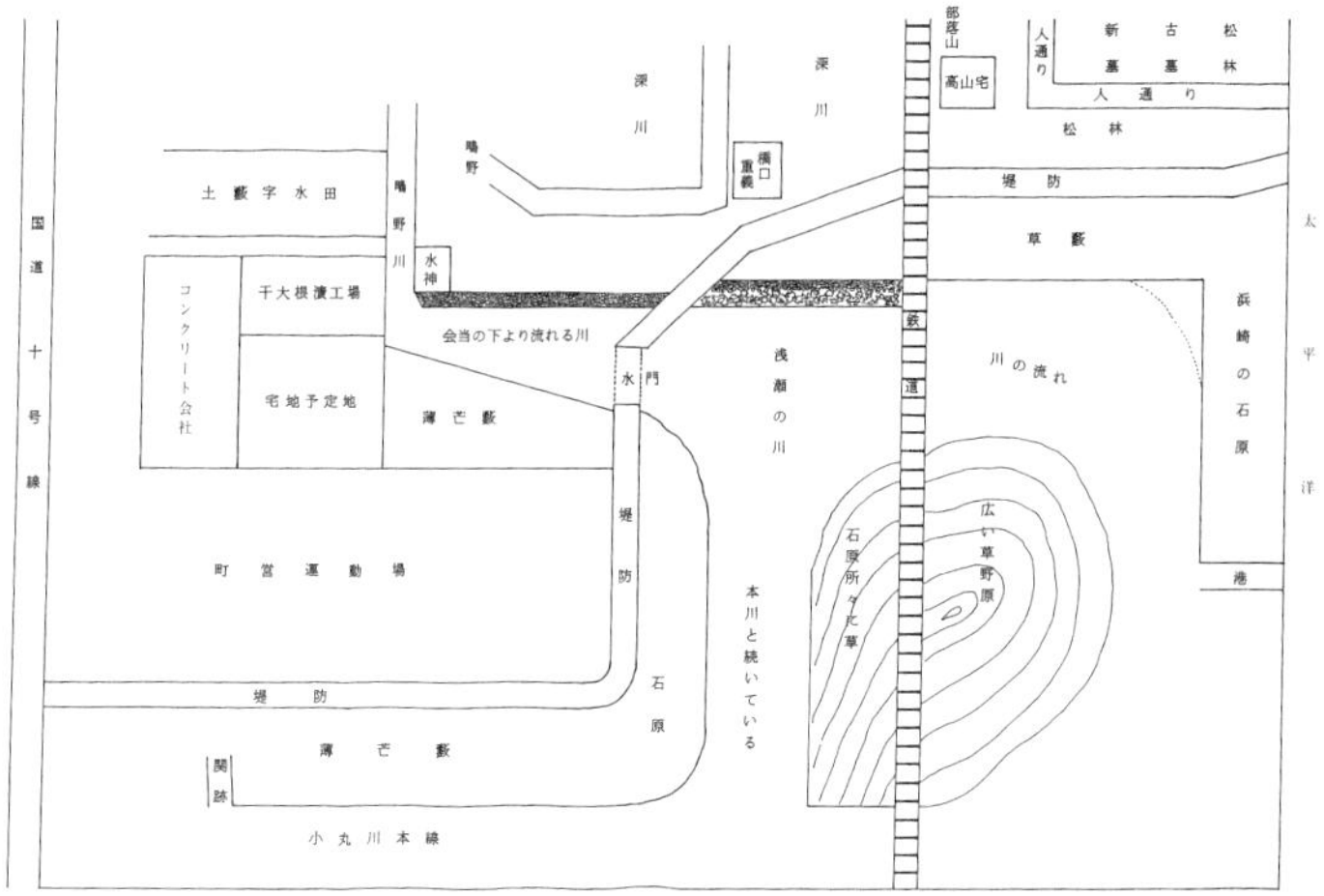

（森仲吉氏よりの資料）

を止める堰があった。浜からの途中に中洲もあり、そこに池もあった。今は、もう残っていない。

この掘り抜きは、藩の事業で出来たのではないかという感じがする。塩を作ったのは事実で、その辺りを塩浜と呼んでいた。小さい時に、広々とした畑地の所があり、その一帯が塩田だったということを聞いている。

終戦後、鳴野では、塩焚きが海岸で行われたことがある。その時は、潮水を汲んで砂にぶっかけ、何回もそんなふうにぶっかけて塩の濃度を高めて、窯で塩を作ったことがある。各家庭で、独自に行っていた。

鳴野、蚊口、日置などの浜一帯は、塩焚きが多かったようである。爆撃でやられたマツなどを燃料にして、戦後五、六年はやっていたようである。掘り割りの所に塩浜と呼ぶ所があった。川の向こう側には、中州があり池もあり、そこにマツ林もあった。

「蚊口浦昔の思い出」に、井上つるえさんの昔の塩焚きのことが載せられている。

鉄橋の間には、何丁もの田んぼがあって、水を汲み上げて田にしていた。潮が入る所は、こちらの海岸と向こうの海岸の間に溝があった所だった。

塩焚きは、所々に石をどけたりして、自分専用の場所を決めてから始めた。一人分の広さは、畳六〜八枚分くらいで、その範囲にタンゴで水を担いできて撒く。それを何回も繰り返して撒き、その上の方を集め、それをたらいみたいなものに移して、窯で焚いた。ずっと焚くので、ちょっとした小屋がけをした。専門に塩を焚く人は、ここに寝泊まりして仕事をしていた。ずっと場所をとって塩を作っていた。

塩買いには、商売人が来ていた。塩を焚くのには、資本が必要であった。終戦後の台風では、家の周りに山になるほど木が流れ着いていた。台風で水が出ると、製材所の人が判のついた木を探しに来た。

この辺りは、木城や宮崎まで歩いて売りに行っていたようである。「塩を布に包んで腹に巻くと病気がよくなる」と、いうことを聞いた。

塩の運ばれた道

②高鍋町鴫野の塩づくり　小田部元治氏

終戦の年、塩を作った。一町歩くらいだった。海岸線の砂浜の所を選んだ。海岸線いっぱいを使って、自家用の塩を作った。潮水を砂にかけ、それを集めてかけた。天気の悪い時は、ドラム缶で水炊きした。

台風で倒れたり、松食い虫にやられた材を使って焚いた。台風の後の海岸近くには、大きな家が出来るような材木が流れてきて集まっていた。家の高さになるくらいまで、薪があがっていた。木城辺りからもたくさんの材が流されてきて、製材所の人が、店の印判を持って探しに来ていた。

この辺りの人は、ほとんどが塩づくりをやっていた。一日に、藁づといっぱいくらいで、升目にしたら、いっぱいになるくらいでしょうか。

この辺りの人は、塩を宮崎辺りまで売りにいっていた。

四　塩の運ばれた道と商人往来

塩は、どうやって求める人々の手に届いたのか。前述の話者の内容にも、販売に関するものが幾つか出されている。塩の専売制度が出来てから百年が過ぎている。時代の流れは、人も景観も大きく変え、理想とする調査は望めない状況となった。しかし、語りや聞き伝えを通して、その名残を記録しておくことはできるのではないか。そう思って、塩や海産物等を商う人々の姿を、待ち受ける人の立場から聞き取ることを試みた。

日向（宮崎県）の佐土原では、藩内の製塩家と周辺農家との間で、塩と籾の物々交換が江戸期から慣行化されていた。農民は製塩家を塩檀とか塩檀那と呼び、親族のような関係にあったという。この交換率は「時価の如何に係わらず塩壱升籾壱升」と決められていた。（『塩の道を探る』四一頁　富岡儀八著　岩波新書）「塩壱升籾壱升」の言葉は、これまでも、県内では時折耳にして来た言葉である。『綾町史』には、塩について、次のような記述がある。（三九八頁）

「米と塩」といわれた塩は昔の綾にはどこからどうして運ばれてきたか、聞くところによると、今の新富町富田の浜、または広瀬のおいだ（大炊田）の浜からのものがおもであった。

　塩の取引先は家庭によって違うが、年に二回くらい米麦の収穫時に物々交換のかたちで行われた。塩は小さいさんだわら（桟俵）入りで、現在のように目方ではなく枡目で量った。そして馬の背に積んで運ばれたのである。正月に運ばれるときは初荷気分で、馬を着飾らせて高鍋鈴を幾つもつけてきたので、しゃらんしゃらんと鈴が鳴り、子どもたちは、それ塩がきた、塩やの小父さんがきたと戸外に飛び出したものだという。馬の背には、四俵ずつ積んで二、三人ずつ組んでやってくる。朝早く浜を出ても綾に着くのは昼頃になった。

綾町に至る

二ツ建神社内になる塩釜様

　この取引きの塩屋は親の代から子へと引き継がれたし、こちらも同族または親類間などで組んで取引きするのであった。
　塩は注文のほかに「塩の花」といってお土産の分を高いお膳の上に山盛りにして差し出す。そして、鯵（あじ）の干物なども傍に添えてあったという。こうしてご飯はもとより、ご馳走が出され、自家製であったその頃の焼酎は飲み放題で、ご機嫌よく酔い倒れたりしたものもあった。塩荷は秋祭りの頃が盛んであったが、取引きのすんだ家でも祭には呼んだりするのが慣わしであった。お互に大事な塩のことゆえ、こちらも塩屋を大事にせよと言い伝えていた。また情がうつっているので、浜の祭り（塩がまさま）には、こちらから出かけたりした。綾は山どころであり海岸は珍しいので、こちらのものは海岸の磯松などに酒入りのひょうたんをかけて、塩田を目の前に眺めながら、そこで酒盛りをしてもらってたのしんだ。

塩の貯蔵は一年分から半年分の多量だったので、一メートル長さくらいの竹瓦をくみ、その上にのせておいてにがりを取り、そのにがりで自家で豆腐をつくったものである。

こうした塩の取引きは、明治三十年代頃までつづいた。今でも自分の品をほめることを「塩坊どん、富田ん浜」ということばがあるのは塩屋が自分でほめたことのなごりである。

塩屋と塩を受け取る人の、よき人間関係を彷彿とさせる話である。

ではこれから、海岸線からやって来た商人の姿を、何例か紹介したい。押川さんは、生来、ずっとこの地で生活を営み、変貌を見てきた人である。

①都於郡にやってきた商人　押川顥太氏

私の小さい頃は、佐土原から魚屋さんが重荷用の自転車で来ていた。また、卸屋さんも同じように歩いてきた。中間原の坂を上がって来た魚屋さんは、「今日はいらんわ」と、客に言われると、がっくりしたという。急な坂を、やっと登ってきたばかりだからである。

この坂は、土地の人が買い物に行く道でもあった。雑貨の卸屋も来た。かつては、五、六軒の店が集まっており、ふだんの生活用品は、大方間に合っていた。反物を売る呉服屋さんも、二軒あった。酒屋も三軒あった。

魚屋は、佐土原から一人の人がいつもやってきた。自転車に氷の入った木箱を積んでいた。都於郡にも、魚屋は一軒あった。一軒一軒、家を回ってきた。ある家に寄ると、近くの家の人もやってきた。一日おきに、イワシやアジなどの大衆魚を持ってきた。

西都市都於郡の通り

ほとんど現金買いではなかったかと思う。下の魚屋さんは、竹の籠を天秤棒で担いで来たこともあった。正月は、行商の人に頼めば、翌日に届けてくれた。

塩は、漬けものや味噌、醤油を作る時に使った。味噌汁やたくわん、梅、ラッキョウなどにも使った。トーフ屋は、三軒あった。トーフとアブラゲは、毎日あったのでよく食べた。固いトーフで、藁で縛って持って帰っていたようである。店の入り口に、白い布や杉の葉がさげてある時は、「あります」というお知らせとなり、なくなると引っ込めた。

食堂は、うどん屋さんが二、三軒、旅館が一軒あった。都於郡には、越中富山の薬売りも毎年やって来て、農家に家を借りて周辺の家々を回っていた。

上三財から寒川への道

②都於郡・下三財、寒川の様子　荒木千年氏談

「都於郡には、塩市が毎月一回立ち、佐土原、住吉方面から商人がやって来た。佐土原方面から来る商人は、農家にも行き、米などと交換していた。市は、大正時代まで非常に盛んでにぎわったが、大正末期に、町に疱瘡が出て開かれなくなり、以来、全く開かれなくなった。人々は、近くの三財村岩崎町や妻町の市に出かけるようになった」

「下三財の岩崎町では、十二月二十七日に、節季の市が立った。商品は、蛇の目傘、下駄、玩具の弓矢、かずの子、いわし、ゼンカマゲ（藁の入れ物）などがあり、都城方面の商人が多かった。町の一〇〇メートルくらいの範囲の道に沿って、町家の軒先で商売をする姿が見られた」

「寒川へは、小間物、食料品（特に魚）などが、祭りの時には多かった。茶を渡して、主に食料品（特に魚）を買った」

（「宮崎県緊急民俗調査」西都市都於郡より）

都於郡から三財、そして寒川への道は、山稜界を経て西米良村に通ずる道である。現在は、その道を辿ることは困難を伴うが、人々のたくましい生き方は、その地形的困難さを乗り越えて山間地を目指した。寒川の地に住み、歴史を見続けてきた方々の話から、当時の雰囲気を感じることができる。

③寒川における交易　中武清蔵氏

寒川には、四十戸の本戸数という昔からの家系の家があった。よそから来た人で、村内に家を借り、村の人と付き合い、仕事をして暮らす人を寄留人（きりゅうじん）といった。村には、塩商人といって、塩を担いで福王寺辺りから運んでくる人がいた。その先は、どこから来たのかよくわからない。塩商人は、みんな財閥になったものである。塩を椎茸と交換したりした。金をすぐに払えない場合には、担保に山を預け、その一筆が証拠になって人の手にわたることもあ

樹林に覆われた寒川への道

かつての寒川集落へ上る道

った。塩は生活必需品であり、貴重なものであった。私の小さい頃には、すでに店に塩があり、そこで買っていた。

戦後私は、木炭屋をした。木炭窯を山師さんのいるままを買い取った。一時は木炭窯が三十あり、一窯からおよそ百俵とれたので、月に三千俵もの木炭がとれた。終戦後は、しばらくはよかったが、そのうち統制経済から自由経済となり、思うように儲けられなくなった。

ここ寒川の店では、煙草と塩を売っていた。醤油、焼酎は醸造であった。仕入れは、旧佐土原町や宮崎からであった。木炭の集散地であった佐土原や宮崎の駅まで運び、そこから物資も運んできた。三財も寒川も小売り店で、販売はしていなかった。寒川には、遠くからもたくさんの人が来ており、商売も多くの品が消費されるので繁盛した。昔は今のような現金買いではなく、盆・正月勘定で、日常は貸し付けをしていたので、資本がなければできなかった。仕入れも盆・正月の二回であった。朝出かけると、一日勘定の仕事であった。川向こうに馬車道があり、上三財のみずはみ（水喰）という所を通り、福王寺、三財から佐土原へと通じていた。上三財の人が荷馬車で木炭買いに来た。親方から馬車を買ってもらっていた人は、定馬車といった。定馬車は、毎日来るので、買い物を頼んだりした。椎茸は、佐土原であったが、木材は宮崎であった。福王寺を朝三時頃提灯を掲げて出発し、その日の夜に宮崎から日帰りしたという。

寒川から西の向こうは、綾の奥である。越野尾を通って、西米良に続いていた。四百年前、焼き畑で生活していた越野尾の人が、三人の家臣に命じて狩猟を兼ねながら新開地を探しに出た。じゃろう（蛇籠）という所によい土地があるということになり、三世帯だけが代表で出発することになった。その後、古園、橘という新しい所に住むことになった。

④寒川にやって来た商人　中武利晴・モヨ夫妻

昔は、米良辺りから、飴を売る爺さんがやって来た。そのうち、年をとったので来なくなった。三財からは、干したフカ、つまり、「干しか」を持ってやってきた。塩をした塩フカであった。昭和三十五年頃に電気がつくまでは、ランプのホヤなどを持って売りに来た。よく割れるので買い置きをしていた。三分、五分、八分の三種類あった。米とか主食とかはなかったので、山から下りて買いに行っていた。山仕事には、寒川に行き、買い物には、高鍋辺りまでカゴを背負って歩いて行った。米はカルイで袋に入れて担いだ。

その前は、馬車が二、三台来ていた。炭を積み出すために来た馬車に頼んで、味噌、醤油など必要な品物を注文した。毎日鉄輪をはめた馬車がやって来て、かなりの荷物を積むことができた。それ以前は、キンマ道なので、ナルが敷いてあるので自転車を押して来たり、テンビンで担いで来たりした。小間物屋さんも、上三財から来た。カルイカゴに入れて、休み休み上がってきた。人により、二晩くらい泊まっていた。旅館も二軒あったが、知り合いがある人はその家に泊まることもあった。

山仕事を男性はしていたが、女性か年寄りは家にいつもいた。「〇〇は、いらんのう」と言って、各家を訪ねた。土地の人は、山茶を摘んで製茶にして、缶や壺に入れていた。「お茶とでも、換えようやあ」と、寒川の人は言った。「このお茶は、百匁なんぼするから、これだけと換えようや」「ほんなら、この品と換えようなあ」と、品物を出しての物々交換が当時の方法だった。

昭和の初め頃、馬車が来るようになってから、店も出来た。運動会の時には、下から店が来ていた。十二月六日の祭には、大変な人が出た。「よど」といって、夜通し神楽を舞っていた。カーバイドを焚いて、辺りがパーッとあかくて明るかった。

寒川の村は、四十二戸くらいであった。焼き畑で、ソバやヒエを作り、コウヤマキやカヤ等の木を伐採し、木炭を焼いて暮らしをたてていた。塩は貴重なもので、店に置いて売るようになっていた。

都於郡の人たちも、魚を売りに来た。魚やフカを持ってきた。寒川の人は良質のコンニャク玉を作り、五、六月になると、ムギを収穫していた。穀類は値が高かった。米がとれないため、主食として多くのムギを作っていたが、質もよく、また収量も多かった。運んで来る品は、少し高くはあったが重宝であった。通り浜からもずいぶん来ていた。おじいちゃんが売りに来て、一晩泊まり、魚を売っていた。また、小間物を売る人も来ていた。都於郡の人が、通り浜から仕入れて持ってくることもあった。フカは、背を割って塩をふって乾燥させたものを持ってきた。それを、ホシカといった。刺身になるような魚はなく、サバ、アジなどの乾燥ものや乾燥コンブ、ワカメなどを持ってきた。タラも持って来た。背中にからってのことなので、多くは持って来れなかった。

毎年のことなので親密感があり、山産物も高くとってくれたし、こちらでもよいものを準備した。物と物との交換であったが、家庭によっては、盆正月に決済をする場合もあった。

大正末期頃から、四国や大分から来た親方が一山を買って、炭焼きのために、家族を連れてやって来て、ここに住み着く人もいた。衣類は、反物を買って自分で作った。上三財やそのほかから、小間物屋さんが籠に入れてやって来た。山を売った時にお金を手に入れる機会のあった寒川の人たちには、大変いい品を持ってきてくれていたように思う。

正月には、「いちだちに行ってくるわ」と、大人が買い物に行った。親の代には、馬車で行ったり歩いて行ったりした。女の人は、信玄袋を持って行った。帰りには、帯で荷を背負って帰って来た。子どもたちには、羽子板と花ゴムマリを買ってきてくれるのが嬉しくてたまらなかった。米、味噌とか生活用品のこざこざを、男女ともに買いに行った。帰りは、夜暗くなった。男は焼酎を飲んで帰るので遅くなることもあり、「おっしろ、おっしろ」と帰ってきた。

昭和五十二年に、宮崎県が実施した緊急民俗調査によると、「寒川に来る行商人の数は少なかった。日用品、食料（乾物）、衣料品は、近郷の町村や米良の村へ買いに行った。鮮魚は、旧広瀬村の大炊田、食塩は、同村の二ツ立浜からやって来た。運搬は、ほとんどホゴと称する肩負いの運搬具であった。」（村上嘉平氏談）と、記されている。

おわりに

「白い黄金」と外国では呼ばれるという塩、それは命をつなぐもの、生きる上で欠かすことのできないものである。それだけに、塩を通して形成された絆は深く固いものがある。綾町の話がそれをよく示している。現在、塩は日常生活に深く入りつつも、人々にとってその重要性の認識が薄らぎつつある。先人の苦労の上に現在の豊かな生活があることに感謝の目を向ける時、その努力や工夫の姿を残し、さらに飛躍発展するための精神遺産とする構えが大切ではないかと考える。

本稿では、姿を消してきている塩に関する伝承をと試みたが、周辺を見つめただけで研究としての体裁をなしていない。楢木範行氏の「日向馬関田の伝承」には、交易としての塩について、塩売りの季節、産地、交換物、交換法、輸送形態など、当時の姿を調査項目を明確にして記録されている。内容や方法等大変重要であるが、現在ではこのような調査成果を得るのには、大きな壁を感ずる時代となった。塩という事例に類して、今後姿を消すであろうと考えられる民俗の姿が多くある。研究会や個人グループ等により、具体的課題への取り組みの重要性を改めて感じた次第である。

第三節　高岡の風景——陸の道・川の道——

天ヶ城から望む高岡市街

はじめに

天ケ城歴史民俗資料館の二階には、高岡のくらしという展示がある。かつての高岡の町並み、自然景観、人々のくらしや仕事の姿が再現され、朝から深夜までの一日を映し出していく。人々の活気ある声やざわめきをもとにゆったりとした時の流れを感じさせる。幾星霜を経て、受け継がれてきた高岡の歴史がある。また高岡には、十月も半ば頃になると、天ケ城の上空を、全長一メートルものサシバが数十羽ゆったりと旋回する。やがて鳥たちは、都城金御岳、そしてさらに南の鹿児島方面を目指す。渡り鳥の休息地点としての高岡の地は、人々にとっても、各地を結ぶ結節点として古来から重要な土地であった。中世、畠山氏が日向の雄と

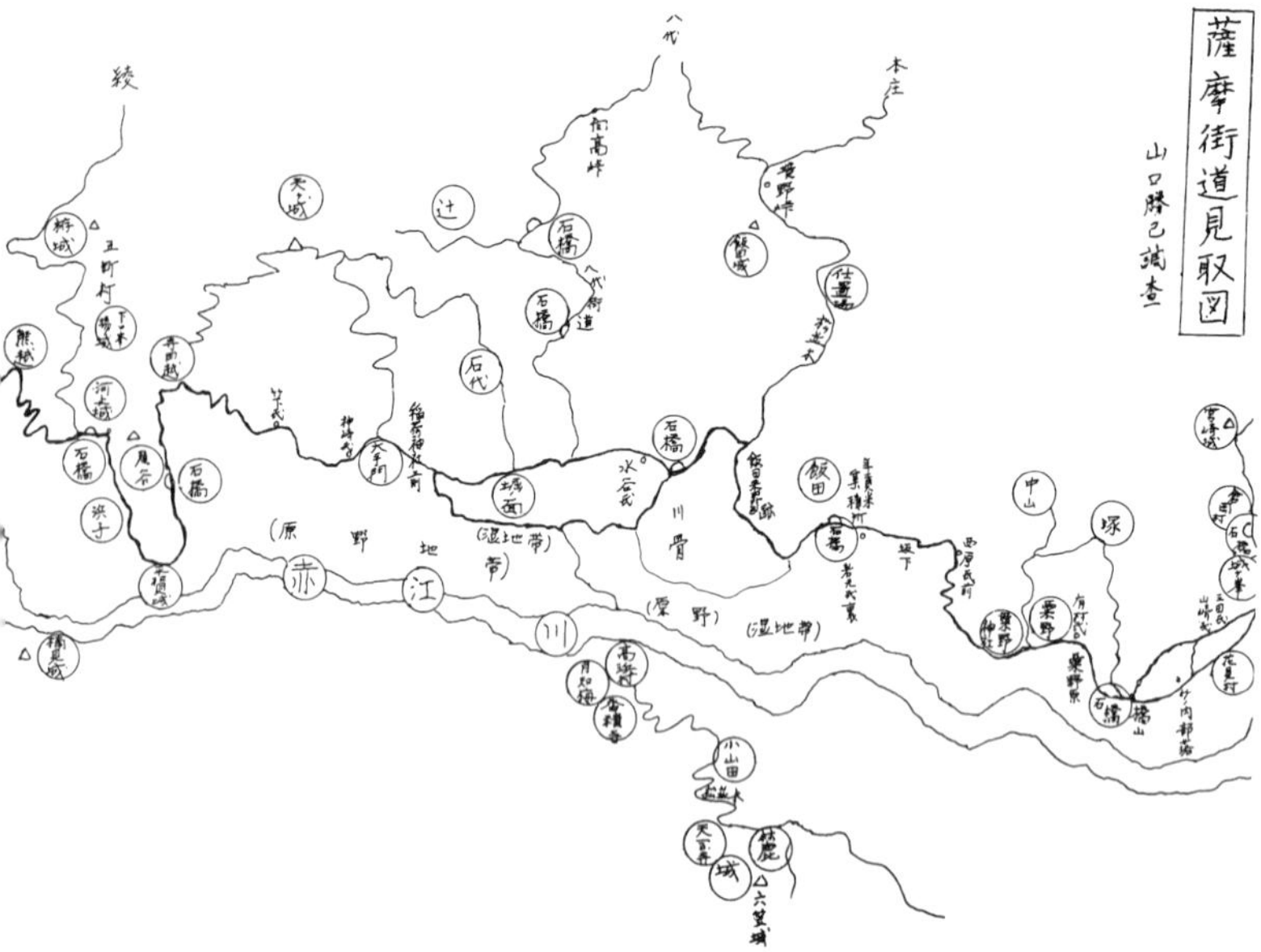

して活躍した穆佐城全盛の時代があったことも思い起こされる。

人々の交通・交易のルートは、整備された陸の道であり、陸に頼らない場合は、滔々と水量豊かに流れる大淀川を往来する川の道であった。本稿では、高岡をめぐる人々の行き来した姿を、陸の道、川の道からたどってみることにしたい。

一　高岡を経由する街道

高岡は、東西南北各地と結ばれた多くの道の結節する地点である。その主なものは、南から北へ抜ける薩摩街道、それから西に向かうと、綾から野尻へと抜ける肥後街道に出会う。また、穆佐から南へ足を伸ばすと、清武から田野、そして

薩摩街道見取図
（郷土史『たかおか』第７号より）

山口勝己調査

都城へと続く鹿児島街道に出会う。ちなみに、各街道のルートを、『宮崎県史通史編近世下』（七一八ページ）の記述の一部から紹介したい。

薩摩街道……佐土原城下（佐土原町）―高岡町―内山村―浦之名村―浦之名川（歩渡り）―去川（渡船、いずれも高岡町）―国見峠―有水村―石山村―穂満坊村―桜木村（いずれも高城村）―高木村―都城―西五十町村（いずれも都城市）―大隅国通山（鹿児島県）

鹿児島街道……高城郷桜木村で薩摩街道から分岐―山之口村（山之口町）―田野村（田野町）―今泉村―船引村―加納村（いずれも清武町）―源藤村―宮崎間は飫肥街道と重複する。

肥後街道……佐土原城下―本庄村（この間は薩摩街道と重複）―竹田村―守永村（いずれも国富町）―綾郷（綾町）―番所・紙屋村―三ケ野山村（いずれも野尻町）―水流迫村―堤村―細野村―南西方村―北西方村（いずれも小林市）―原田村―加久藤郷小田村―榎田村―球磨口番所（いずれもえびの市）―肥後国球磨郡大畑村（熊本村）

㈠　参勤交代の道

高岡は旧薩摩藩領である。藩主島津氏が陸路上洛の際には、高岡を通過した。嘉永六年（一八五三）丑八月「太守様御巡検日帳（島津斉彬公）高岡」（島津家史料）を高岡町史より抜粋して、その道のりをたどってみたい。なお、この年は、島津斉彬が練士館を創設した翌年にあたる。

海岸防禦向等禦巡検

禦供人数　三百三拾人　馬百五十疋

十二月二日諸県郡

高城地頭仮壱里拾弐町七間

同所島之内鳥居原御立場　壱里八丁弐拾四間

右　同枇杷鹿倉御立場　半里八丁参拾八間

右　国見峠　壱里七丁参拾八間

高岡之内五里
　去川御休　　　　　　　　　　七里半拾六丁九間
　　　　　　　　　　　　　　弐里半拾五丁弐拾弐間
　　在番　二見休右エ門　所
高岡之内壱里四丁四拾間
　　上ノ八重御野立　半里四丁
右　同赤谷之上御立場　　壱里六丁四拾弐間
同三日同六日迄
高岡地頭仮屋
但御滞在中三日同所より
　　御出　　　　　　　　半里拾壱丁四拾四間
同所田尻村之内宇津野大明神社地
　　御野立　　　　　　　半里八丁弐間
同所之内
　　善哉坊御立場　　　　弐里弐丁弐間
同所之内
　　法華嶽寺御休　　　　三里半三丁四拾八間

七里七丁卅六間
身投嶽御通抜　　壱里半弐丁拾壱間
高岡之内深年村御立場
郷士長野九郎左エ衛門
勧農方小屋　　壱里七丁五弐拾参間
高岡田尻村之内
宇津野御野立
大明神社地　　半里拾壱丁四拾四間
御帰館　士踊・御馬見所江被為　入馬寄　拾参丁弐拾九間
高岡之内公積寺御立寄御覧夫より御庭前
御桟敷江被為　半里弐丁参拾間
穆佐之内　悟性寺御立寄　入武芸御覧
同　所　川原御小休
但調練御覧　　半里弐丁五拾四間
粟野官　御立寄
同所脇　御立寄　早馬御覧・御道
貝立用意済　湯水手当　半里拾弐間

御帰館　　　　　　　　　　　　壱里六丁四拾弐間
　高岡之内　赤谷之上御野立　壱里弐間
　同所之内　本永寺　御立場　壱里半四丁六間
　野尻之内　紙屋御休　　　参里半拾丁五拾間
　同所之内　天ケ谷　御立場　半里拾四間
十二月七日　野尻地頭仮屋
　仝所之内　瀬口原　御立場
　高原地頭仮屋　御立場
　仝所之内　神徳院御立寄
　仝所之内　錫杖院　御休
　仝所之内　小塚　御野立
　仝日　鳶之巣　御立場

この年の大隅・日向各郡御巡検における高岡御巡見は、十二月二日に高岡入りし、六日に野尻紙屋を経て帰還した。この旅を、地名や訪れた場所をもとにたどってみると、高城、国見峠、去川、赤谷、高岡、田尻村、法華嶽、深年村、香積寺、穆佐悟性寺、粟野宮、紙屋等である。御供人数三三〇人、馬一五〇疋（頭）の一行であった。

二日入りした去川の地には、去川関が設けられ、御番所において旅行く人々を検問した。文久二年（一八六二）、四月三日に当地を通過した吉武助左右衛門が『薩摩日記』に記した去川の記述がある（〔久留米市立図書館蔵〕高岡町史所収）。

（……途中略……）高城出立イタシ猿川山中一ツ家ト申所ニテ昼休致　夫ヨリ関門ニイタル　此所ノ要害ハ勿論　関門ノ厳重ナル事目ヲ驚ス斗リ也　関守二見休右衛門ト申ス者ニテ此所ニ千石ヲ領ス（……後略……）

十一月二日に発城した一行は、高城有水に宿泊し国見峠を越え、去川にて休息し、赤谷を経て高岡地頭御仮屋へ到着した。赤谷は、勘場と呼ばれる山産物等の船荷の集積倉庫が設けられた場所で、高岡に入る手前西の重要な地点であった。また、高岡地頭御仮屋は、現在の高岡小学校の敷地辺りと考えられ、現在発掘調査が進められている。去川には、関所が設けられ旅人を検問した。

斉彬公が巡見した地を追ってみると、次のようである。三日は、田尻村及び宇都、法華嶽寺、身投嶽、深年村、地頭御仮屋と、広い範囲にわたる巡見の一日であった。四日は、国見峠、去川にて狩り、二見家にて休息、その後地頭御仮屋にて宿泊している。五日は、綾郷、香積寺、悟性寺、関外四ケ郷の操覧試合御覧、粟野神社参詣、そして御仮屋宿泊となった。六日は、法華嶽参詣のあと、小中規模の狩りを行い、高岡泊。七日は一般影流で名を轟かせている武芸を御覧。八日は、赤谷本永寺に参詣し、野尻郷に入り、紙屋の地頭仮屋に宿泊という行程であった。

高岡四ケ郷とは、高岡、穆佐、倉岡、綾である。巡見は、信仰の地や寺を参詣するとともに、深

月知梅

年村では勧農社を訪ね、社倉の実態など農業の姿や土地を預かる領主の支配状況を見るものであった。また、文武両道を旨とする藩の方針を確かめる上でも、武道の観覧は、重要であり、何回か実施している。先祖の墓に参詣し、月知梅の名所である香積寺を訪れ、時には狩に興じることも目的の一つであった。

この巡見の旅を、斉彬公の御納戸役として随行した山田為正による日記や、迎える立場の高岡郷組頭指宿鉄左エ衛門覚書、斉彬公史料『鹿児島県史料』（高岡町史所収）から、みてみたい（※日付には、若干のずれがみられる。）。

山田為正斉彬御巡見御供日記（嘉永六年）

十二月四日　晴　別して暖気にて江戸三月頃の肌持ちなり

一　去川に関所あり関之前急流之山川なり舟渡し夫れよりを関外と云

一　去川山鬱蒼茂深山と見得たり　鹿猪多しといへど鹿倉広くして洩れたりと惣御供待上居候前も多く出たれと鉄砲なくむなしく遁したりなどと聞く同所御休　夫れより山本荘兵衛支配の勘場江御入込御覧　夫より上之八重と中御野立こなたより夜入　松明多く燃し五ツ此高岡地頭仮屋へ御着直ニ退出　旅宿之清水新兵衛所

去川の関跡

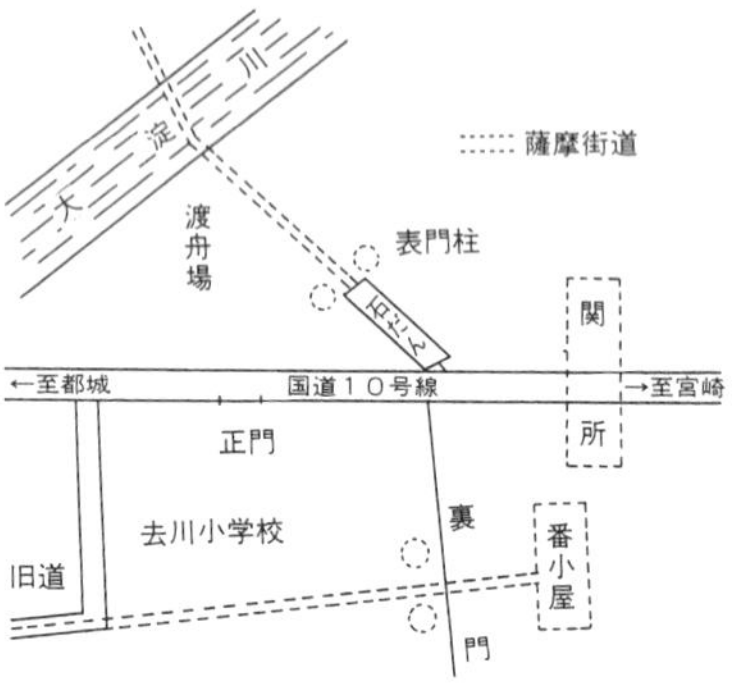

関所、番小屋の位置

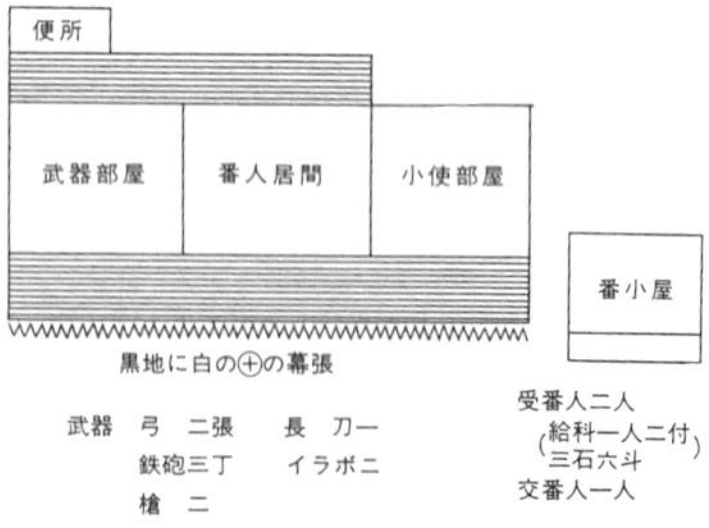

関所見取図
（高岡町史下巻より）

一　旅宿清水新兵衛家手広く表之間は大坂より切込廻し建たりと云う　浴室　雪隠なと田舎体にてはなし　給仕小女是また大坂こと葉なり

去川関所の前は急流となっており、その川を渡ると関外と称した。鬱蒼とした深山には、猪鹿などの狩りに適した鹿倉が広がっていた。山本荘兵衛が支配している山産物の集積搬出のための勘場を見学し、夜になりタイマツを掲げ、九時頃御仮屋に着き、その後清水新兵衛の宿に宿泊した。清水の旅宿は、大坂仕込みの間取りを備え、浴室から便所までなかなかの造りで、給仕の女性も大坂言葉という都風な感じの宿であった。

十二月五日　晴
一　関外近郷諸所御巡見御出調練御覧　夫より月知梅早馬等も御覧七ツ過御帰館再御桟敷江御入士踊御覧五百人余鎧着用之者多し（……後略……）
十二月八日　晴　風烈寒し六ツ半比出勤
一　高岡五ツ時御立ニて諸所御休野尻地頭仮屋江七ツ半頃　御着　御止宿

調練を御覧になり、月知梅、粟野神社での早馬御覧、そして夕刻からの五百人もの郷士による鎧着用での士踊りの壮観さに満足された。

御巡見を迎えるにあたっては、多くの心くばりや準備を必要とした。穆佐、倉岡、綾の郷士年寄は、高岡郷士年寄衆へ配慮して、三才猪壱丸、四才鹿壱丸、大根弐百本を差し入れしたり、山芋五拾、九年母（蜜柑の一種）五拾、魚鮎五拾を届けたりしている。また、一日には、都城まで御機嫌伺いとして「年寄河上笹右エ門組頭同役本田権右エ門三人同道にて差し越し御待ち申し上げ候事」とあり、組頭三名が都城まで挨拶・迎えに出発している。（斉彬公史料『鹿児島県史料』（高岡町史所収））

この斉彬公史料『鹿児島県史料』（高岡町史所収）には、その間の様子が記録されているので、その一部を紹介する。

三日　高岡郷御滞留同郷田尻村及ヒ宇津野善哉坊　或ハ法華嶽寺身投嶽等ヲ御覧　深年村ニ到り同郷士長野九郎左衛門カ勧農社ヲ覧玉ヒ　地頭仮屋ニ御一泊（同村社倉ヲモ覧玉フ）

十二月四日

同所御発途　国見峠ヲ踰へ　去川山中ニ狩シ猪・鹿数頭ヲ打止メ玉ヒ　尋テ去川関守二見休右エ門カ家ニ御休息　尋テ高岡郷ニ入リ地頭仮屋ニ御一泊（去川樹木御仕立場ヲ覧玉ヒ繁殖ノ方法ヲ奨励シ玉フ　後巻山林ノ部ニ記ス）

同月五日

綾郷ニ臻リ香積寺ノ月知梅ヲ覧玉ヒ　尋テ穆佐悟性寺に詣シ　尋テ同郷川原ニ於テ関外四ケ郷（高岡・倉岡・綾・穆佐）ノ操練ヲ覧玉ふ　尋テ粟野神社ニ詣シ　高岡郷ニ還リ地頭仮屋ニ御一泊

五日の日程については、すべてよしとの御沙汰があり、調練人数へ千八百疋、踊人数へ三千疋、粟野早馬乗馬人へは青銅五百疋が御覧料として下賜された。このほか、柔術・示現流・直心流・鑓術・長刀・弓術等も首尾よく終えたということで、金子千五百疋を拝領したことが、前述史料による御側役樫山武兵衛の記録に記されている。

また、前述史料による高岡郷組頭指宿鉄左エ衛門覚書によると、武芸については「関口流柔術、示現流影之流、鑓、長刀、東平之弓術御覧ニテ候、（……略……）都而一流二五人程も奉備候事とあり、その概要を見ることができる。

ところで、地頭御仮屋のあった高岡は、かつては久津良と称した。慶長五年（一六〇〇）、関ヶ原の戦いに敗れた島津義弘は、この地にようやくたどり着いた。その際、清武の領主稲津掃部守の脅威を察し、急遽家臣を薩摩領内や周辺から集めて、この地に住まわせ高岡と命名したとされる。

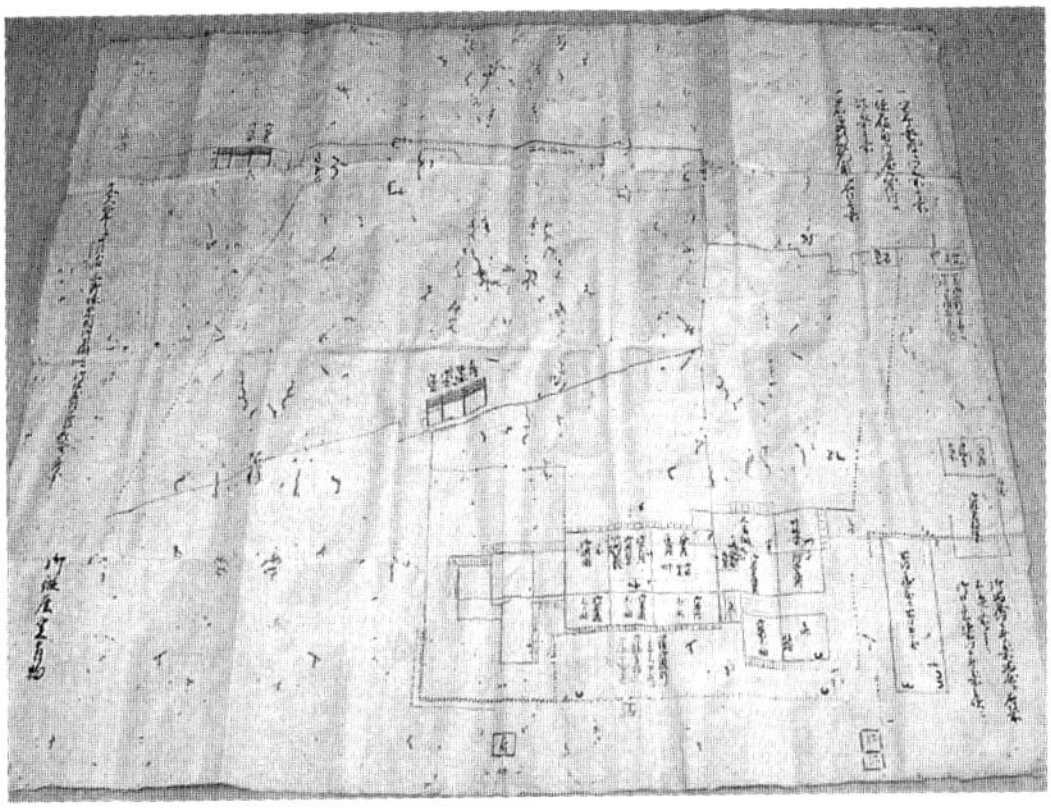

地頭御仮屋の図（文久２年）（高岡町歴史民俗資料館蔵）

高岡は、町史所収の『藩法集八　鹿児島藩下』によると、慶長五年の冬、飯田の内に新たに城を取り立てになり、高岡と号した。関外四カ所の本城として外城に取り立て、麓城、天ケ城と唱えた。浦之名村、田尻村、向高村、花見村、五町村、内山村、高濱村、飯田村、南俣村、入野村、北俣村、深歳村、上倉永村、下倉永村、小山田村、糸原村、有田村の名が記されている。初代地頭比志嶋国貞の石高は、二万七五五石九斗五升九号八尺であった。惣人数は、九二九七人、内二七七〇人は郷士で、町人は五六二人、百姓は四六二六人で、総竈数九六〇であった。なお、史料中には、文化元年改元也の一文がある。

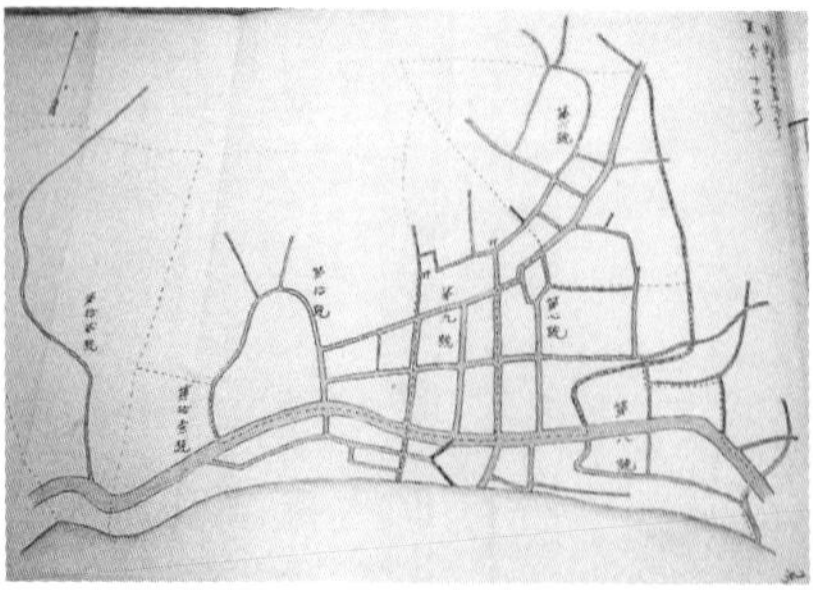

大正７年高岡の町の道路（宮崎県文書資料センター所蔵）

大正７年高岡町の世帯数と人口

地区名	世帯数	人口
城ケ峰	40	200
花　見	163	810
高　濱	53	165
飯　田	65	325
内　山	80	403
飯田くつら橋	89	445
飯田川骨	69	352
五　町	80	400
五町廣瀬質屋	50	250
五町顕本瀬	81	400
尾谷地区一円	38	190
高濱区一円	76	380
楠見・狩野	50	250
新　田	27	125
板ケ八重一円	24	120
南城寺	32	155
押田区一円	37	185
田中区一円	36	180
原田区一円	28	140
浦之名赤谷	61	305
梁　瀬	42	210
田ノ平区	38	190
久木野一円	35	175
小田元区一円	55	260
浦之名小崎去川	65	325
仁田尾唐崎 松ケ八重一円	35	150
野崎一円	25	125
和石一円	30	130
総　計	1504	7345

大正九年（一九二〇）、東諸県郡高岡町長中村幸吉が時の宮崎県知事廣瀬直幹に提出した「國勢調査區設定認可書」（宮崎県文書資料センター所蔵）によれば、世帯数は一五〇四、人口は七三四五人と記されている。

麓集落は内山、飯田、五町の境に設けられたもので、そこには、野町が形成され、有力町人が商業活動や町の運営に大きな力を発揮した。「宝暦八歳七月廿四日御祇園規帳」には、町名として、上八日町、下八日町、中町、三日町の四町が見られ、大正時代には、上八日町（上町）、下八日町（下町）、中町（仲町）、三日町（新町）と改称されている。商人や町並みをはじめ、町の構成は、大正時代の絵地図にその形を残している。

(二)　旅人の行き来した道

①　佐土原から高岡への道

高岡から北への道は、どう進んだのだろうか。慶長五年（一六〇〇）九月十五日、関ヶ原の戦いに敗れた島津義弘は、十月朔日、昼時に佐土原に到着し、同日、佐土原を発した。「鹿児島県史料」に次のような一文がある（高岡町史所収）。

「（……中略……）申の刻、佐土原を発し、都於郡の六野原を過て八代に一宿し給ふ。此帰路伊東氏が賊徒所々に横行して通路自由ならず、是によりて守兵を彼此に入りて怠りなし、十二月二日八代を発し、霧嶋の大山を越へ曽於郡大久保の村に一宿。同三日冨隈に至り、龍伯公に謁せられ尊躰の恙なきことを賀せらる、公も亦御懇なり、暫くあって暇を賜い船に乗り帖佐に帰城し給ふ」

午後を過ぎて出発した一行は、佐土原から都於郡を経て六野原を通り、八代に一泊した。翌二日、霧島山を越えたが、敵の横行に警戒をしながらの行軍でその行程は明らかではない。

寛政四年（一七九二）六月二十八日、佐土原からの旅を続ける高山彦九郎は、高岡に到着した。『筑紫日記高山彦九郎全集』第四巻（高岡町史所収）

「（……中略……）桜ノ馬場ヨリ巽（たつみ）に原を下り行きて須師（志）田左に一ノ瀬川を見て行く、凡そ壱里是レヨリ富高御領所也、田間を過ぎて坂壱丁余上る飯森（盛）とて人家あり、猶ヲ巽に行て新掘といへる所へ出ツ是レも本庄の内也、西壱里綾三里紙屋への道也、本庄十日町家百軒余、五六丁東に本庄六日町とて有り大海（街）道也、法華嶽ヨリ本庄迄巽二里十日町ヨリ南壱里高丘（岡）也、綾川船渡し田尻を渡るべきに水増にて六七丁下にて往還にて渡る、嵐田の渡しといふ、百間斗り此川上五里須木より流れて綾を経て爰に来る求摩の法より出ツるといふ渡りて嵐田村高鍋分地秋月和三郎殿知行所也、坂を上りて堺野是レ薩州領也、鹿児嶋ヨリ二十七里二十五丁四十四間と有り、坂を下る十五六丁にして高岡町二三百軒爰も諸県郡也、高城へ坤八里郡ノ城へ十一里とぞ、（……後略……）」

彦九郎の通った道は、法華嶽より本庄間二里、さらに高岡まで一里の距離である。十日町から南へ綾川渡しの田尻付近を渡ろうとしたところ、増水のため下流の高鍋領嵐田を渡った。坂を上った境野からは薩摩領となり、坂を下って高岡の町に着いた。高岡の町は、二、三百軒の家があったという。

以上で、佐土原から高岡までの道はほぼ判明するが、全体的に佐土原から高岡までの経由地を見る史料として「元禄十五年日向国絵図」（「国立公文書館内内閣文庫所蔵」宮崎県史通史近世下巻付図）がある。それにより街道図を辿ってみると、佐土原、都於郡、荒武村、三名村、嵐田村、田尻村、飯田村、高岡村を通る薩摩街道が赤で書き込まれている。

②　高岡を通り過ぎた勅使・岩倉具視

明治三年（一八七〇）、十二月廿九日、鹿児島県福山を出発した岩倉具視は、三股滞在の後、明けて正月二日、去川に入った。

二日　朝四字御発途　去川御中食　士族二見休右衛門同武一郎拝謁　高岡御止宿
三日　四字後御発駕　都於郡御中食　佐土原藩支配地也（……以下略……）（『薩長両藩御下向日記』高岡町史所収）

三股、高城を経由して去川、高岡に到着、止宿した一行のその後については、三日の午後四時には、高鍋に到着。翌四日は三時に出発し、美々津で昼食、夕刻には細島に到着し、止宿となった。そして、五日に細島港を出港している。高岡から細島までの歩く距離や速さを感じ取ることができる。

③　宮崎から高岡そして西への道

宮崎、高岡間の道は、野尻へと続く人吉街道（肥後路）と高城へと続く薩摩街道を行き来する人々に利用された。山口勝巳氏「薩摩街道」『たかおか　七号』よりその行程を紹介する（二〇二ページに地図）。宮崎上野町を発して花見に至るには富吉道と倉岡道がある。幹線は倉岡道でこれが往還である。倉岡を経て城ケ峰に達する。以下、花見、粟野、坂ノ下、丸山、石代、麓、寺田、尾谷、浜子、赤谷、川口、上ノ原、下六、去川、和石と続いていた。

西の方、野尻方面からの道は、現在の道とほぼ同じのようである。慶応二年、薩摩藩領の溝辺から高岡に旅した高岡、綾、穆佐地頭であった名越時敏の日記から見てみたい。『名越時敏日記』（東大資料編纂所所蔵文書高岡町史所収）

九月四日　六ツ溝辺出立、加久藤泊
五日　朝六ツ加久藤立飯野秋丸仲左衛門所で酒飯共御馳走に預候　小林江八ツ時分着
六日　小林にて終日諸道具取り集め、泊
七日　四ツ時分出立　野尻仮屋へ立宿御馳走に預かる　日入前　紙屋着泊
八日　紙屋五ツ出立中途立宿ニ而見合、七ツ時分着
　紙屋ヨリ高岡仮屋迄道案内八人ニ而候

溝辺から加久藤までは、ほぼ一日の行程である。午前六時頃加久藤を出立した一行は、飯野で昼食にあずかり、小林に午後三時前に到着。翌六日は、小林で終日用務を済ませた。翌日は、朝十時頃と遅い出発で、野尻に日没前に到着。最後の八日は、朝八時頃出発し、高岡に午後四時頃到着している。順調に進めば、加久藤から高岡までは、三日間の旅であろうか。

二　川の道と周辺の風景

高岡は、大淀川の水運によって発展してきた町である。江戸時代には、高岡からの荷を満載して、勇躍日向灘から大坂や江戸へ出帆し、往来する船があった。享保九年（一七二四）、江戸、薩州御屋敷の普請用材木を積んで日向国赤江の川を乗り出した高岡の商人清水八郎左エ衛門栄親の船があった。その航海を記した『流蘇帰来物語』（清水家蔵　高岡町史所収）には、追記として次のように記されている。

俗称、清水八郎左エ衛門栄親、蘇海ト号ス、此号ヲ称セラルルニ至リタル故事アリ、享保九年甲辰、江戸表薩州屋敷不審諸御用材時自船シ積船申付ラレ候節、次男、休兵衛召ツレ乗込ミ三月十九日赤江川湊江出帆、同廿日土州ノ沖ニテ大風雨ニ罹リ沖合ニ五十六日漂流シ御神徳ヲ蒙リ辛フシテ同廿五日八丈島ニ漂着シ翌年三月八丈島ヨリ江戸薩州屋敷ニ送ラレ五月暇ヲ請ケ倉岡船ニ乗リ込ミ江戸表出帆シテ、六月十日昼ニ赤江湊ニ入帆ス、同日夕刻高岡ニ帰着ス

土佐の沖で大風雨に遭い漂流した船は、艱難辛苦を経て助かり、八丈島、江戸、そして倉岡船で帰帆、赤江湊から高岡に帰り着いたという海難記である。船問屋を営む商人の、海を舞台に江戸、

大坂と活躍する姿が思い浮かぶようである。江戸時代、赤江港から船を出したのは、どんな商人だったのだろうか。

(一) 高岡の商人と積み出しの荷

安政二年(一八五五)、山元家文書山元氏記録十その一には、

但、右同断ニ而赤江御用聞薩摩屋長太郎、鹿島屋庄兵衛江被ニ相渡、右丙人取扱ニ而赤江勘場ヨリ諸色同所沖本船江積入方為仕申候

として、赤江勘場から沖の本船へ荷を積む商人の名が記されている。薩摩屋長太郎は、下支配人延岡領宮崎川原町、鹿島屋庄兵衛は、下支配人延岡領上野町の商人である。この項には、高岡町船主支配人として、水間次左衛門、田丸平助、清水八郎左衛門、白坂徳次郎、高城町支配人として後藤五市の名が見える。また、各支配人の所有する船と積荷高が記されている。

領内の物資は、各地に設けられた物資の集積所である勘場に集められ、そこから赤江の港を目指した。安政三年(一八五六)の前掲史料には、領内の設置した勘場をみることができる。

本締めである山下の勘場には、詰め所一軒のほか、納屋が十四軒、板蔵が二軒、馬屋が一軒と相当大きな規模であった。

また、赤谷浦之名には、須木村からの生産物を徴収する下代役所があった。徴収は、代銀または現物により、それらを保管する御倉が設置され、大淀川を通して物資が運ばれた。須木村山元家文書（宮崎県史史料編近世5）により、納入の方法をみてみたい。

安政2年頃の高岡・高城船主と所有船

町名	船主	船名	帆数と積み高
高岡船主	水間次左衛門	寶山	12反帆500石
		寶吉	12反帆500石
		元栄	12反帆500石
		宝栄	
		順宝	
	田丸平助	栄山	14反帆500石
		金山	12反帆500石
		貴福	15反帆
	白坂徳太郎	神寿	16反帆650石
	清水八郎左衛	太寶	12反帆500石
		栄順	16反帆730石
		寿宝	
高城船主	後藤五市	稲荷	16反帆
		稲福	

（高岡町史より作成）

安政3年高岡領内の勘場

高岡山下本占勘場	御詰所壱軒、御産物格護納屋十四軒、板倉二軒、馬屋壱軒
高岡鹿倉	杉之本椎皮山床勘場一箇所
高岡入野村	宮原勘場一箇所、御詰所一箇所、納屋六軒、板蔵一軒、馬屋二軒
高岡深年境之谷村	白炭山床勘場一箇所
綾大河原鹿倉	白炭山床勘場一箇所
山之口倉輪ケ野	炭山床勘場一箇所
延岡領宮崎赤江上野町	積出勘場一箇所　納屋六軒
高岡入野村之内宮原	御手山勘場
高岡深年鹿倉	御手山勘場

（高岡町史より作成）

請取　　　　　　須木

分　六百三拾文銀

但　常幅弐反代銀

壱反ニ付き三百拾八文ツツ銀

右者織上木綿下地代銀（として）慥ニ相受取申候、以上

辰巳七月（天保十五年）

須木村庄屋

山元勇右衛門

赤谷与

浦之名

御下代衆

これは、上木綿一反に付き、三百拾八文を代銀として、銀納としている。荏子（えごま）については、例えば、荏子八升二合免元上納分を、一升に付き銀二百拾六文の割で銀納した。また油は、正月から六月までの半年間に分けて納め、弐拾五盃四合の油を三貫六百五拾八文で銀納している。このほか、米や麦、粟、大豆なども割合を定めて銀納している。

覚

麻苧三百五拾四匁五分　須木

右者爰元諸在赤谷浦之名

御蔵入免本ニ而御座候間上納仕度奉存候間、

御法之通納方被仰付度奉願候、　以上

辰十月廿日（天保十五年）

須木村庄屋

山元勇右衛門

書役

羽嶋源七郎

赤谷与浦之名

御下代衆

物納の品としては、麻苧をはじめ、庭筵があった。

勘場を通して搬出した産物を、前掲山元家文書の安政三年辰五月「日州御手山御産物江戸表江御積出高口上覚」より見てみると、丑十一月櫟櫓木二七五挺（順宝丸）、丑十二月櫟櫓木二二五挺（貴福

丑11月櫟櫓木275挺の内訳

長さ	数	長さ	数
1丈3尺	8	1丈9尺	5
1丈4尺	14	4尋	33
3尋	121	2丈2尺	7
1丈6尺	33	2丈3尺	4
1丈7尺	6	5尋	10
1丈8尺	33	2丈6尺	1

丸)、寅三月櫟櫓木三〇〇挺(稲荷丸)、卯二月櫟櫓木四〇挺(稲荷丸)、樫櫓木七〇挺(稲荷丸)、卯二月樫櫓木二三〇挺(稲荷丸)、卯三月櫟櫓木二三〇挺(順宝丸)、卯三月櫟櫓木二二〇挺(太栄丸)、卯五月櫟櫓木五〇挺(貴福丸)、辰正月櫟櫓木二〇〇挺(貴福丸)、辰二月櫟櫓木二〇〇挺(稲荷丸)が積み出されている。丑から辰年(天保十二年から十五年)までの四年間を見てみると、十一月に二七五挺、十二月に二二五挺、寅年三月に三〇〇挺、卯二月に二三〇挺、三月に四五〇挺、五月に五八挺、辰年正月に一一〇挺、二月に二〇〇挺という数にのぼる。材は、多くは櫟(くぬぎ)や樫、などであ

物産品種その1

炭	大白炭(正10貫目俵)	174,451俵
	小白炭(正8貫800目俵)	466,178俵
	大鈴炭(正8貫目俵)	6,105俵
	小鈴炭(正5貫目俵)	20,962俵
	正極炭(正5貫目俵)	501俵
	丸大炭(正5貫目俵)	18,062俵
	黒　炭(正8貫目俵)	73,108俵

物産品種その2

櫓木・櫂	櫟櫓木樫込(□丈□ヨリ□マデ)	34,869挺
	櫟櫓角(長1丈2尺4尋マデ)	262挺
	櫟柳葉取櫓木(長1丈1尺)	1,772挺
	椎櫓木(長6尺5寸)	41,165挺
	堅木角(長1丈ヨリ束3尺マデ、幅3寸ヨリ尺3寸)	6,209
	櫟鍬箟(長3尺□寸)	504
	櫟櫂(長6ヨリ1丈1尺マデ)	245挺

物産品種その3

そのほか林産物	○柞灰(1斗2升入)	33,7□□俵
	○椎皮(正10貫目入)	263,500束
	○椎茸(□入)	3,683梢
	枚三駄丸縛木(　)	37,343丸
	楊梅皮(正凡14貫目俵)	5,595俵
	黄檗(正凡10貫目俵)	959俵
	山餅(正凡10貫目俵)	2,499俵
	岩餅(正10貫目樽)	610挺
	柞櫛木(正10貫目俵)	176,620貫目
	□木(1隻720貫目)	14,849貫100目
	下駄木(　)	29,897挺
	雑炭(斗桶2盃入)	49,648俵1盃
	櫟波樫揖	6□
	櫓角物平物	30□
	一ツ葉平物	4挟
	柞千枚取櫛木	21挺

(宮崎県史　近世通史下巻より)

った。積み出しの櫓木は、寸法も多種で、角と丸があり、本数も注文に応じて用途が明確であった。その他、柞櫛木、椎櫓腕、櫟櫂、櫟へらをはじめ、山餅、椎皮、炭や大白炭、小白炭、小鈴炭などを積み出している。嘉永三年から明治五年までのおよそ二三か年間旧御手山から出した産物を集計した資料を、『宮崎県史近世通史下巻』（二三五ページ）から紹介したい。

高岡から大淀川をゆっくりと下った帆船によって積み出された多くの材や山産物が、大坂や江戸などの都市の暮らしの一端を支えている姿を感じ取ることができる。

(二)　川舟の旅

高岡から宮崎までは、水運を利用した方が旅も楽であった。慶応三年（一八六七）四月九日、高岡・綾・穆佐地頭であった名越左源太時敏は、鵜戸神社詣りを思い立ち、大淀川を舟で下った。左源太は、暑からず寒からずのよい季節になったので、飫肥領内淡島大明神鵜戸六社大権現榎原大権現へ参詣したいと思い立ったとその気持ちを記している。前掲『名越時敏日記』より、旅の一部を記してみたい。

いま高岡の地頭てふ仰をなむ蒙りていぬれば、……弥生のすへの九日といふに出立しは地頭の職務なれば、たけき武士の鎗つるぎなんど、手ならせる業あるは、おさなまじり読書の事ども見侍らんと穆佐・倉岡の郷へなんん行事あり。

現在、地頭職にあるので、武士の鎗や剣の練習の様子や幼い子どもたちの学習の様子を見るために、穆佐・倉岡の行事へ出かけることも目的の一つであった。

辰（午前八時頃）高岡の曖役（あつけやく）・地頭横目、穆佐・倉岡の地頭横目も揃い付き添って、門の両脇には、若い侍が陣笠を持って控えている。付き添う供人は、鮫島善兵衛・小宿岩次郎で、しもべ市之丞は、牛の皮で箱のように造った胴乱というものを肩へ背負って従った。

今朝より空かき曇り雨になりぬれど、はや打立し事になんありつれハ舟にして、こたびの旅の道づれにはありぬ。棹さしくだれば、風いとあらかに雨いみじうふり出でて、川音いと高く成りまさりて、

雨もそひ風のかけたるしがらミにくだす小舟の棹もさゝれず

わづか一里の川くだりなれど、あらかなる風にむかひしなれば、おもひしまま舟もすすまず、やうやう巳の刻に穆佐へつきぬれど、かく雨降なれハ、劔なんどの業ハみる事もかなはで、おさなどもの読書と席書をなんさせて試ミぬ。午の刻過る比、穆佐の宿りを立出ぬ。こ度ハやつれやつれの旅なれば、これよりは供人も独りハかへさなんとお供にはさだまり居ぬれハ、小宿ハこれより高岡さしてかえりぬ。

空が急に曇って雨になった。舟で棹をさしてくだるが、風が大変強く、雨もたいそうの降りとなって川音も高くなった。一里ほどの川下りなのに、強風に向かうために舟も思うように進まず、午前十時頃穆佐に着いたが、予定した剣道の業も見ることができず、子どもたちの姿を見ることにした。十二時頃、穆佐の宿を立った。

大淀川宮水流方面

行輩ハ皆舟に打のり棹さし下れハ、風もあらかに瀬々の岩浪吹立て、雨も篠つくばかり、いといとふ降りまさりぬ。……なんとして倉岡へ未(ひつじ)の刻ばかりに着ぬ。ここも鎗劔の業は、このあめ降にして見る事を得ず、おさなの独よどもききしも事おはりて、庭の辺り見るに、過し如月中の七日にこし比は、盛りなる桜の木々いまハ青葉の緑りと替りて、

花盛り見しハ日数の程なきにあを葉とありて春ぞ暮行

行く人々は皆、舟に乗り、棹をさして下る。風はいよいよ強さを増し、あちこちの瀬の岩に白い波がぶつかり、しぶきをあげる。風は益々激しくなり、降り注ぐ。このような中を、倉岡へ午後二時頃に着いた。旅の往来には、手形が必要であった。

薩州領内高岡越山右源二　籏田久四郎　大沢弓五郎外ニ七人
近国大社為参詣差越候条　往来無異儀御通可被成候　以上

高岡飯田村庄屋
山田新六左エ門

慶応三卯三月廿八日
諸　国
御　改　所

ミなあらん名もて認たるもおかし。今宵は倉岡の仮屋になんやどりぬ。

手形の名は、勝手につけたものらしい。その夜は、倉岡の仮屋に宿泊となった。翌朝八時頃、晴れた空を見上げながら、どの人も皆この上もなく喜んで出発した。旅は、持ち物が軽い方がよいと菅笠一つをとり、木履をはいて出た。

雨ふらばぬれもやぬれむけふよりハいとしもかろき旅の菅笠

倉岡よりも与頭(くんがしら)、佐竹次郎左エ門しもべふたり。磯右エ門・直右エ門どなん、みなあはせて十人、仮屋の下より舟に打のりくだれば、去川と綾川と流れ合所あり。「これよりしたは赤江川といふ」となん。倉岡は此所へ舟改の番所あり。この川むかいは、左り倉岡の地、右りは延岡の地なるが、右りも赤江川と一二町くだれば倉岡の地あり。それより二里ばかり下りて、右のかた延岡今江町、川のほとりに見ゆ。……そよりわづかばかりくだりて、左りへ此御国よりの御手山材木なんどの御囲場あり。此所へ寺師ぬしの実兄、猪俣ぬし御手山掛見聞後に勤られぬれば、風呂なんどわかしおかれて、夫に入りはやよき此になんありつと、飯どももてなされぬ。程なくこゝを立て、御囲場の下なる御領、宮崎の内、上野町、中村町を通り飫肥領、城ヶ崎町よりむかひへ渉り、御領、本郷町へしばし休む。此所まへに「左り、うどさん・あおしま道」と石にゑりつけてありぬ。（……以下略……）

倉岡で合流する二つの川は、去川、綾川と呼ばれ、これより下流を赤江川と呼んだ。この倉岡には、舟改めの番所があった。下流を向くと、左岸が倉岡、右岸は延岡領である。しかし、一、二町ほど下流には倉岡の一部もある。これを二町ほど下ると、延岡藩領今江町、現在の福島町である。さらにわずかばかり下ると、薩摩藩領高岡の御手山（勘場）からの材木を集めておく囲い場があった。寺師、猪俣両名のもてなしを受けた後、ここを立ち、囲い場の下を通り、宮崎の内上野町（かみのまち）、中村町を通って飫肥領城ヶ崎に入った。川の道はここで終わり、鵜戸さん、青島への陸の道を進むことになる。

穆佐から倉岡、倉岡の舟改め番所を経て、上野町までの旅は、倉岡での予定を済ませて宿泊し、一泊二日を要した。さして心配する危険箇所もなく、激しい雨にあっても、ゆとりを持っての船旅であったようである。上野町下をさらに下流に行くと、右岸には大坂、江戸へと向かう大きな船の行き来する赤江城ヶ崎の港が栄えていた。

名越時敏の旅した年の五年前の文久二年（一八六二）、真木和泉が鹿児島から高岡、宮崎へと旅をしている。（『紫灘遺稿』巻下「高岡町史」所収）

四月二日　大雨

昼さがり去川に到着した。これまでは山道がけわしく道がすべって（誤訳）歩行は困難であった。こゝで食事する。ともの者が此処に宿泊をすすめたので一応考慮したが外の子弟が承知しないので、ここを出発した。激流の川があって流れの急なこと口には言えない程である。鞋がいたんだので、路傍に棄てられた鞋を拾ってはきかえ、夕刻高岡に到着した。三里の道であった。市来鈴木両氏を訪ねる。市来氏は、わが家に再び訪れたことがある。ところが、去年死亡したとの事である。其の子荘太郎には会わなかった。未亡人出られて懐旧談をする。鈴木氏には会わなかった。旅屋に一泊す。去川は東に流れ、高岡はその西に在る。穆佐倉岡はその東に在る。綾は、高岡の西に在って、之を関外四箇郷といっている。旅屋があって、旅行には妨げなし。従って酒屋、茶屋の多いことは鹿児島に優っている。高岡郷士は元七百三十家あって現在は千家もあると言うことである。

四月三日　小雨

船をやとって川を下る。この川を大淀川という。去川の下流である。午後宮崎の上野町に到着した。太田屋でめしを食う。一里ばかりで海浜に出た。薩摩藩の船つなぎ場である。

去川から陸路半日、高岡泊にて、翌日半日川舟にて半日を要している。上野町から下流一里の所に、薩摩藩の船の繫留場があったという。去川の下流を大淀川と称しており、前述の赤江川との違いが見られる。

もう一つ、寛政四年（一七九二）、高山彦九郎は、前述の筑紫日記に、高岡領内を見たあと、川舟で宮崎へと旅立っている。彦九郎は、川を渡って香積寺の月知梅を観賞し、その根と枝の状況に驚くとともに月知梅の名付けの逸話も記している。

四月二十八日

（……前略……）満蔵（長沼流の門下後藤満蔵）案内にて川を南へ船にて渡る二丁斗りの渡り也赤江川の上也、町ヨリ巳ノ八丁斗り梅樹山勾積寺禅院の中庭に月知梅名木也、本木は枯れて跡のミ中央に有り枝撓（たわ）んで根をなす東に四株西に二株太キは凡そ六尺枝葉丸くはひこりて凡ソ十間六株の余枝にたわんで根をなす多フし、うつほなるつかを立れは内に入て根をなす奇也、薩の太守初メ知月梅と名つけたりけるに枯れになんなんたり後改めて月知梅とせしかハ枝葉盛になりしと

粟野神社

ぞ高浜の内也、住寺茶を煎ンじもてなす梅と花を出だしける
（……中略……）
又夕北へ船を渡りて粟野大明神へ参る鳥井拝殿宮殿午未の間へ向ふ月知梅より艮五丁斗り、別当へ粟野寺へ寄りて何ンの御神を祀れるやと訪ぬるに知らず、昨日神輿(みこし)川船にて宮崎郡上ノ町へ御神幸なりしとぞ毎年の例也、小山絶壁川に望める所を経て凡ソ八丁斗乾にして高岡町也（……後略……）

月知梅から川向かいの粟野大明神へ渡った。粟野神社には、粟野寺という別当寺もあった。この神社からは、毎年宮崎上野町まで舟による浜下りの御神幸がなされているという。翌日の日記にも、当神社の神楽が奉納されていた事が記されている。

二十九日　晴る
赤江川を船にて下る、満蔵袴にて船戸迄送る父喜兵衛も送る、満蔵橘石見介への書を託す、宮鶴の渡し是レ迄壱里巽に下ル漸ク小山に離る申酉の間に霧嶋岳見ゆ、艮(うしとら)に下る事又夕壱里にして倉岡簗瀬に至る、綾川爰にて赤江川に合ふ、新納岳子丑の間に見ゆ倉岡州領の境也、船改の番所川の左リに有り綾川へ乗り込ミて改めるを得る諸県郡也、是レヨリ東宮崎郡とす、簗瀬を下りに東に乗る申酉の間を霧嶋岳とし其レより北へ続きて峯丑に当たるを黒尊ガ岳とし其レより丑に当たれるを白鳥山とす黒尊白鳥は西に見ゆ、十丁余にして左リ千代が崎中嶋有り、是レより巽に下る数丁にしてかしはだとて左に町屋見ゆ直林寺の有る町也、簗瀬より半里と称す、巳ノ方十丁余にしてミやうぜの渡し口左に有り、是レより下りて簗瀬よりの壱里と称す、左リ生目に当たれり、ミやうぜあたりより南に下り巽に下りて壱里斗にして宮崎上ノ町大渡しに船を着く舟路四里と称す、陸道三里高岡也高岡は是レより西戌の間に当たれり霧嶋是よりハ西に当たりて見ゆ、一昨日栗野八幡大明神船より上り玉ふて神楽ありて高岡へ帰へらせ玉ふといふ、小戸大明神の神輿御旅所に入らせ玉ふ神拝す、時に弓削益蔵に逢ふ寄りぬ五ツ半斗也、茶漬酒後立ちけれど明日夏越に当たれは帰へりて逗留す、赤江川を渡る乾に法華岳見ゆ、舟子を叱る事有り、中村町道琢へ寄り城ヶ崎宇津宮養軒所へ入り宿す（……後略……）

二十九日は、よい天気の中、赤江川を下った。神社から南東へ一里で宮鶴、霧嶋岳を眺めつつ下る。これから北東へ一里、倉岡簗瀬に着く。ここで綾川が合流する。北北東に新納岳が見え、薩摩藩領の境に入るため船改めの番所がある。東宮崎郡に入り、流れは東へと変わる。国尊、白鳥の山を見つつ、千代が崎、かしわだまで、半里。左方に直林寺（直純寺か）があり、町屋が見える。ミやうぜの渡しを過ぎると簗瀬からおよそ一里となり生目となり、一里半で上野町に着く。ここからは、高岡は西北西に、霧嶋山は西に見える。高岡からの舟の旅は、四里であり、陸路は三里である。地名や、川の周辺の景色、遠くの山々などによく気づき旅を続けた彦九郎の様子がうかがえる。

㈢　粟野神社祭礼と浜下り

粟野神社は、『高岡名勝志』には、次のように記されている。

粟野神社（『三国名勝図会』高岡町史より転載）

日州諸県郡高岡高濱之内
（朱）「本御仮屋より卯辰之間拾八丁程高岡之儀本御仮屋迄
ニ而外ニ地頭仮屋地面者有之候得共居家無御座候」
一　粟野八社大明神　神躰鏡八免　高岡惣廟
祭神　大己貴尊　事代主尊　下光照姫命　味鉏□高彦根神
高光照姫　御井神建御名方彦神別神　破理容斎女
又曰　大歳神　大将軍　大陰神　歳刑神　歳破神　歳殺神
黄幡神
一　善神王　二宇　社殿前在左右
一　東小社一宇　白髭大明神　諏訪大明神
一　西右同一宇　川上大明神　大将軍

高岡惣廟としての当社には、祭神としての多くの神がみられる。正月初午には、神酒を神に供え、神楽を相勤める、八社の御神が三回、宮の周りを回った。三月三日、五月五日も同様で、朝に官主が祝詞を奏上し、内待舞いを執り行った。
六月二十九日には、浜下りがあった。前述の高山彦九郎日記の資料から、紹介したい。

但　御祓いとメ濱下り有之候　神輿舟別当へ舟其外数艘之供船有之候　神輿之脇立ニ猿田彦神幡(ママ)ニ相添大幡役指申候　別当祠官社役之者共罷下リ候　尤延岡領宮崎郡上ノ町と申所小戸之渡リ之上松原江彼方之者共仮リニ御旅所栫置事ニ候　往古より申伝候ハ　日向之小戸之橘ノ檍原ノ中津瀬ニ而御祓有之　御旅所江御入御神楽祝詞内待舞等相勤申儀古例ニ而着船之節上野町より両人船付より案内いたし、且輿付彼方人夫罷出道之儘下もェ御下り川原町之下辺に而御塩井掛有之御旅所江御入ニ而候　尤主取両人所より申渡船壱艘取仕立致諸差引事ニ而外ニ主取付弐人町同心弐人申渡罷下リ候　尤主取之儀者手鑓持と申候　扨又郷士下人并町人共数艘之船を仕立　銘々御紋付之船印を用い数丁之櫓を押立　互に船々遅速を相争ひ上野町迄引下リ候　右次第等之儀者古代より之仕来ニ而候　扨又神輿ハ川上り之節者川筋右同領小松村江御上り御神楽上ル　大塚村庄屋小松村庄屋冨吉村庄屋同所社人共も罷出捧神酒候事是又古例ニ而候　尤上り船用としてかつらを以て数十尋之大綱を調　神船ニ乗せ置き強力キと申候而上ノ町より四里ケ間之登り船ニ右大綱を以村次ニ大勢罷出引上り候事に而具内粟野迄付上り候者も多々有之候　神事之規式古代より之仕向于今不相替え此表他領迄も神威甚敷右上ノ町江ハ諸方より参詣人多諸売物持越致郡（群）集事ニ候

浜下りは、相当大がかりのものであった。神の鎮座する神輿を船に迎え、数艘の供船が従った。神輿の脇には、猿田彦神が立って先導した。別当の神主や神社役の人々も一緒に下った。延岡領上野町の小戸の渡りの松原の所には、迎えの方で仮の御旅所を設けていた。昔からの言い伝えでは、日向の小戸の檍原（阿波岐が原）の中津瀬でお祓いをしていたという。御旅所に入られた後、御神楽が奉納され祝詞奏上に続き、内待舞いが舞われるのが慣例であった。神輿船が着船の際には、上野町の二名の者が船着き場より案内を致し、また、人夫が道のすぐ下まで神輿を下らせ川原町の下辺りで御潮井の儀式を行い、お旅所に入った。船を一艘取り立て、手鑓持ち二人、同心二人が口上を述べた。また、郷士下人や町人たちが数艘の船を仕立て、御紋の入った船印を立て、数丁の櫓を取り付けて互いに競争して漕ぎ合い、上野町迄漕ぎ下った。

右のような次第は、古来からのしきたりであった。また、神輿が川を遡る時には、川筋右側の同じ領内である小松村へ上がり、神楽を奉納した。大塚村庄屋、小松村庄屋、冨吉村庄屋や同所の社人たちも同席し、御神酒を酌み交わすことも昔からのしきたりであるという。村同士の繋がりや人々の和やかな関係がうかがわれる。この他、上りの船には、カヅラで以て、数十尋の長さの大綱を調え、神船に乗せ置き、強力と称した。上野町から四里の距離を上る船を、大勢の人々が出てきて大綱で引き、村から村を次いで引き上げ、粟野まで上った人も数多くあったという。神事の規則は、古代より今まで変えることはなかった。この近辺はもとより、他領までもその神威は甚だしく大きなもので、上野町へは参詣人も多く、またあちこちから、多くの商売人が品物を持ち込んで、たくさんの人々でごったがえしたという。

現在にまで唄い継がれている粟野神社夏祭りの歌を、以下に紹介したい。

一　担ぎ参らす　御輿の若衆　イヤイヤイヤヤ
　　歌もゆかしや　伊勢音頭　ヤーレヤントコセーヨーイヤナー

二　小戸の川瀬に　打ち込む太鼓　イヤイヤイヤヤ
　　あれは粟野の　御神船　ヤーレヤントコセーヨーイヤナー

三　梅の名所の　気高い人と　（以下同じ）
　　いつの世までも言われたや

四　伊勢にゃ七度　熊野にゃ三度
　　愛宕様にゃ月詣る

五　竹と雀は　品良くとまる
　　止めてとまらぬ滝の水

六　見たか聞いたか　粟野の社
　黒い烏も金の鳥
七　夏の涼みは　粟野におじゃれ
　涼しいすずれの石清水
八　恋しい小川の　鵜の鳥見やれ
　鮎をくわえて瀬をのぼる

十月初午日調方別当寺
但　御祭米五斗弐升五合古代ヨリ別当寺江被仰付事ニ而神酒神供等相調侯所中者勿論倉岡高鍋領分地嵐田村吉野村堤内村金崎村迄も二夜一昼之斎事致事之由侯　前日内祭ニ者高濱村飯田村ヨリ流鏑馬（やぶさめ）之式有之　祭日ニ者高濱村飯田村五町村浦之名村花見村右五ケ村ヨリ終日流鏑馬有之神馬も五疋ニ而宮巡等之式古代ヨリ不相替有之事ニ侯（……後略……）

十月の初午祭日には、祭米が給され、神酒が供えられた。倉岡や高鍋藩領の嵐田村、吉野村、堤内村、金崎村などでも、二夜一昼之斎事が催された。前日の内祭りには、高濱村や飯田村の人々によって流鏑馬が行われた。祭り当日には、高濱村、飯田村、五町村、浦之名村、花見村の五ケ村の人々によって終日流鏑馬が行われ、神馬五頭も揃って神社の周りを巡る儀式なども変わることなく続けられてきた。秋の大祭は、粟野神社とその周辺への影響力の大きいことを感じさせ、祭りでの流鏑馬神事挙行など、力強さとともに晴れやかさと賑わいを呈した祭りの雰囲気を思い起こさせる。

(四)　川舟とくらし

飯田在住の野村仁さんに、川舟とその周辺の様子の思い出を高岡の言葉で語っていただいた。

「昭和三十年頃までは、荷馬車か舟しか運送手段がなかったからですわ。主に宮崎の堤防の護岸用には、竹を割って斜めに編み、蛇籠を作り、それに石を転がしこんで沈めていたんです。その石は山下の発電所辺りからですわ。発電所が出来る前は、水量も多かったんですわ。みんな舟に乗っていって石を拾い、一つ一つ舟に積んで運んでいたようですわ。一日拾い、積みして下り、家の近くまで運んで繋いでおいてですわ。そして朝早う宮崎向けち下りよったっですわ。ほすと、もう舟べりの所が、もうわずかしかすいちょらんかったですぞ。じゃかい、こう石を積むとじゃかいですわ。わずかしかすかんごつ、船縁が二〇センチくらいしか見えんかったですわ。そして今よりも川が水が多しち、深けかったですわ。ほっじゃから、朝は、ギー、ギー、ギー、ギーと櫓の音がしよったですわ。ほすと、朝もやが立っ時にゃ、朝もやの中を舟が下っとが目にひっついちょっですが。寒みい時やら、湯気があがりますわ。あんな時も舟が下りよったですな。

舟は何艘もですわ。だいぶ多かったですぞ。五、六艘ぐらい上がってくるのは見よったですわ。そして、宮崎へ届けっですわ。今の市役所かどっか辺ですわ。あっこ辺は護岸も何もねして、砂浜でしたな。そして、私どんが子どもん頃は、博覧会があったとこですわ。小学校三、四年頃だったでしょうか。とにかくあん大丸橋のしたからですわ。川に降りる狭え道があったですわ。それを降れち、舟に乗っち、市役所の頭（かしら）の会場まで舟で行って博覧会を見たことがあってですわ。帰りはこんだ下北を通って、倉岡さね、糸原通って帰ったですが。堤防を玉石で護岸用にしよったんですな。舟は、子どもが二十から三十人は乗れよらせんじゃったでしょうか。てげ、ふちかったんですぞ。一二メートルくらいは、あったでしょう。

川舟　帰帆（だご岩付近）
（野崎哲氏「たかおか」より）

舟大工が、谷山と西山とで二軒おりゃったですわ。舟大工も、ほんじゃから繁盛しよりましたわなあ。荷を運ぶ舟ばっかりじゃなくて、普通の魚釣りに行く舟がですわ、そりゃ石舟よりちった小さかったですもんね。いろいろ注文に応じて作りよったもんですわ。だから、大淀川はやっぱり、高岡の町の文化を育ててちきた川ですわなあ。

それから、もう今は店があったとこ辺ですが、あの辺に角田（かくた）という一族の豪商がおりゃってですわ。あんな家が何軒かずーっと並んどりました。私どんが覚えちからは、石が主でしたが、米を積んどることもありましたな。帰り舟は、あんまりみらんかったですぞ。帰りは、空船で帆をかけち、夏は下風（しもかぜ）が吹くからですわ。真っ白い帆をかけてですな。今の堤防のごつんときちょるとこんですな、長ん（野）どん、中村どん、清水どんというふうで家があったんですわ。

　夏は川で水浴びち、上級生やらとつばん（唇の）色が変わるまで水につかっちょっちですわ。して、寒なっとこんだ、砂が流れっきちょるから日なたぼっこをしよりました。みんなであそびよったですわ。そんな頃、帆掛け舟がズーッとこう帆をはらんでスースースーと滑るようにきていました。空は青いし水はきれいで、茅葺きの家もあり、竹やら山やらあって、それは一幅の絵になるようにきれいで、下から上がっきよりました。何艘も連れだって、まこっ真っしり（白い）い帆をかけてあがっちくる風景は、きれいなかったですぞ。子どもの頃じゃどん、風情があったですわ。

　川を遡る時、風がある時は何にもせずに、もう艫ん方に尻据えちょっち、こうして握っちょっち櫓で舵をとるだけですわな。ほすと、風が吹かんときゃやっぱ、棹をさしてやりおっじゃったですわ。棹をささんならんとこは棹を、櫓がきくとこは櫓で。流れがゆるっし深みのとこは櫓で漕いでですな。瀬やら上っときゃ、棹をさしてですわ。たいがい、帆を張ってあがりよったごっつあるですぞ。舟は夏が主だったようですわ。よか風景だったですわ、今考えると。

　川底には、川藻がゆれていてですな。すだれ柳のようにかたまりでですわ、でけちょったですわ。すずれの平の岩には、カワニナもいてですな。ダクマエビやゴモもいて、川ん岸の根に手を入れると、ビシャビシャと手づかみの手応えがあったですわ。舟には一人か二人でしたな。小学校の頃、親が舟にのる仕事をしている友達がいて、一緒に舟に乗って下りおったちいよったかい。ほすと、石積みに行く時は、山下の下辺に行っち乗せ方ですな。かし（加勢）しよったごつ言よったです。舟いっぱい積んで、自分の家ん下辺に繋いでですよ。朝はよう（早く）出発して宮崎向けち下りよったっですなあ。

そしてこんだ、舟もじゃどんですもんな、筏が下りよりました。スギの木の長木を三本くらい縦に繋いでですわ。横は一間か九尺くらいだったでしょうか。二人乗っちょったですわ。そして、川ん曲がったとこはですよ。こっちん方は突っ張って流れに乗るようにですわ。筏がこう曲がって流れよったですぞ。前んおる人は、浅瀬に突っかけたりよろせんごつ（よろけないように）、舵とりですわな。ほしと、後ん人は、こんだ途中の流れをよくするためにですわ、長え棹を持っちょってですわ。突っ張っちょって筏ん上をあっちこっちして流しおっじゃったですわ。竹も筏に組んで流しよりましたですわ。

戦後（昭和二十一年以後）は、舟と荷馬車が多かったですわ。警察の前の長道、坂ん下の木から町の入り口までですわ。ズラーッと何台も並んで、ガラガラガラ、朝早うから動きよったですわ。荷馬車もマツの大きな木を積みよったですな。ほんじゃから、今のトラックのトレーラーのごつ、前ん方に車があって、こんだ後ん車をはずして、木が長えってですから後の方に持っちきて、ワイヤーやらロープで台を固定して、ほっで、きりきり締めてひねって、てこん棒がひねったつがこ辺にきびっちゃっとですわ。前ん方に馬がおってですわ。ゴロゴロゴロゴロ引きよったですな。

渡し舟は、粟野神社の近くの西沢ん（現在の粟野の西澤養蜂園さん宅）下辺でしたな。粟野神社ん頭ん方に上がるごつなっちょりました。あっちん高浜ん方は、月知梅の方になっちょりました。月知梅からまっすぐ道が来て、道を越して降りるように行くともう川でした。川を渡ったとこが、つづれん平から来た辺りに西沢がありました。あっこん下辺に船着き場があり、斜めに上がるようになっていました。

昔は深えかったですわ。もう棹では届かんからですな。櫓でギコギコやって渡すもんじゃったですわ。そすと、普通の水位の時は、川に針金が引っ張っちゃってですな。針金を引っ張ってこうあ

渡し場（楠見）
（野崎哲氏「たかおか」より）

高浜方面から見た渡し場付近

長崎の渡し場付近

っちこっちしよったですわ。して、川向こうに渡し守の小屋があってですな。こっちから渡っ時は、「ホーイ、ホーイ」と、何遍でん返事をするまでは、「ホーイ、ホーイ」とおらびよったです。川はかなり広かったです。昼間はしょっちゅう人が渡るから呼ばんでもよかったどん、朝晩はやっぱりもう人が少のうなってから、家に帰りますから。寒みい時期になると、川原に藁で風よけを作ってですわ。流れ木なんかで火を焚いて、昼の間はおるもんじゃったですわ。

渡し守は、粟野と高浜は親戚関係も多いもんじゃからですよ。粟野の青年も、高浜の公会堂に全部来よったっですわ。一回一回金を払わずに、年末に米を何升とか銭が何円とかまとめて払うことにし、かけで渡りよったんですわ。医者どんでん、(かけだから)いっぺんいっぺん銭は払わんかったですぞ。粟野さんのとこがですな、町の渡しといいよったんですわ。ゴロゴロゴロと走り、後から紐で引ょる人は、月知梅からまっすぐ堤防のない道を荷車をですわ。田んぼを粟野ん方に作っちっ張ってここまで降れち、そしてこんどは、舟を横たんに乗せてですな。そして渡ると、こんどは後から押して、ゴロゴロ引き上げたですわ。荷を積んでいる時は、いったん荷を降ろしてですな。だから、川向こうで作(農作業)をすると容易ならんかったですわ。牛やら馬も乗って渡るんです。結婚式もやっぱり渡し舟じゃったと思うんですが、見たことはないです。

あんまり水が出っと、川どめになりおったですが。粟野の渡しは、水ん多い時は、船着き場のつづれん平から高浜ん下流の方へ向けて舟を出しおったですわ。上流に舟を上げ、流れながら下って向こう側へ渡るんですな。だってでん(誰でも)は、よう渡さんですわ。よけい水が出ると、もう川

現在の花見橋と新花見大橋

止めですわ。渡し舟は、粟野高浜間のほかに、楠見にも一つありました。今岩がちょっと出ちょっとるとこですわ。長崎にもありました。渡ったことはありもせんでしたが、花見にも、冨吉にも渡しがありました。

昔は苦労もありましたが、風情もありましたわ。「おまや何ごんな」「何の仕事ですわ」とずっと語りながらですわ。中山に行けば、作場の近くまで一緒ですから。あっさねこっさね分かれっですわ。「まっ、ほんならぼちぼちやってですわ」なんどちゅうち、分かれよったもんですわ。昔はそんなふうにずーっと話しよったもんですわ。

なお、『高岡町史』によると、渡し場としては、城ケ峰、宮水流、竹の内、粟野、大の丸、楠見、長崎、柚木崎、仁反尾、唐崎、山下、去川の十二カ所が記されている。

おわりに

賑わいを見せた高岡の船着き場や繁栄を誇った商家の姿は、今は絶えて見ることができない。しかし、川近くの通りに立ち、はるか北に位置する内山神社へと続く道は、かつての野町の古い町並みを感じさせる重要な通りの一つである。川のすぐ近く東の方には八坂神社があり、今年も祇園祭りのために、家々や通りに張られた注連縄が夏風にひるがえり、人々の喜びと緊張感を高めている。かつては、近郷近在の人々を集めて、動けないほどの人でごった返し、たくさんの店が建ち並び、活気を呈したという。祭りの御輿が町中へと繰り出し、大きな歓声とどよめきの中を練り歩き、うねっていったことであろう。その心意気は、現在にもしっかりと受け継がれている。

川べりにあった角田屋の位置から西の一つ目、二つ目の通りは、風格のある石塀が続き、竹の生け垣を配した家も見られる。武家門を構え、武家屋敷の雰囲気を随所に残した歴史的景観は、かつての高岡麓を支えた武士のくらしや生き方を想像することのできる貴重な町並み空間である。静かな通りの昼下がり、涼やかな風が屋敷の大きな樹木を吹き抜けてゆく。歴史と文化の香りも高く、屋敷町の余韻が漂う高岡の町。舟の行き来による物資運搬でくらしを支え、文化隆盛を誇ってきた高岡の町。また、陸の道で多くの人々が行き来し、各地のくら

武家門のある屋敷

石塀の通り

しや文化を携えて高岡を訪れた旅人たちを宿泊させた高岡の町。近世江戸時代には、武家屋敷としての麓と、町屋の多く存在する野町によって構成された高岡の町である。

二〇〇五年三月には、高岡町花見の大淀川にかかる新しい橋が完成し、車の流れとともに物流も地域の姿にも大きな変化が予想される。川と道に象徴される高岡の歴史と文化遺産の継承は、時代の変動に負けず、厳として伝統を守ろうとする人たちの大きな力にかかっている。高岡の将来を思い描く、多くの人々の願いや希望をふくらませて、高岡の町は今後への道を切り拓こうとしている。

〔話者と協力者〕（敬称略）

話　者　　野村　仁　　三石盛利

調査協力者　　今城正広　　永井哲雄　　首藤光幸

〔参考文献〕

『高岡町史　上巻・下巻』（高岡町　一九八八）
『宮崎県史　史料編　近世五』（宮崎県　二〇〇〇）
『宮崎県史　通史編　近世下』（宮崎県　二〇〇〇）
『高岡名勝志』（高岡町教育委員会）
『國勢調査區設定認可書』（宮崎県文書資料センター　一九二〇）
『たかおか』（野崎哲　高岡町教育委員会　一九九八）
『たかおか』第七号（高岡町教育委員会　一九七八）

［初出一覧］

第三章　生業の民俗

第一節　米良の狩人　（『みやざき民俗』第49号　平成6年12月）

第二節　よる・あむ・つくる㈠　（『みやざき民俗』第50号　平成8年6月）

第三節　よる・あむ・つくる㈡　（『みやざき民俗』第51号　平成9年8月）

第四節　大淀川の漁景今昔　（『みやざき民俗』第55号　平成14年7月）

第五節　トキの民俗　（『みやざき民俗』第63号　平成22年12月）

第四章　交流の道

第一節　道の変遷と暮らし　（『みやざき民俗』第64号　平成24年3月）

第二節　塩の道をさぐる　（『みやざき民俗』第59号　平成19年3月）

第三節　高岡の風景　（『みやざき民俗』第57号　平成16年3月）

あとがき

玄関を入ると　歓迎の笑顔で迎えられた
今日は　よき雰囲気の話になるなと予感した
お話を聞く方は　明治　大正　昭和生まれの方で
ほとんどが　私より年長の方ばかりである
その土地に長く生きてこられた自信と安定感があった

どの人も　長い長い人生の一本道を歩いてきた
思い起こす風景には　雨も風もそして光もあった
涙のひとすじには　喜びや悲しみの思いがこもる
でも　その表情は実に明るく生き生きとしていた
苦しい中にも力強くたくましく生きてきた姿があった
その姿を何とか　伝えることはできないか
よき人のよき人生　それを残せないものかと考えた

記憶は消え去り　記録は残るという
ならば　記録することで後世に残し伝えたいと

平成四年　宮崎県史調査が進められていた
「短い文を一つずつまとめていくことです」
山口保明先生のひとことに押されて
民俗に素人である私の民俗調査が始まった

県内を東に西に　北に南にと人を訪ねた
山　海　里　朝　昼　夜と調査の旅は変化した
出会いを大切にしてていねいにお聞きしたい
そう思って訪ねる方々の生き方や人生観は
質問や意図をはるかに超えた広く深いもので
私の心にくい込み　圧倒されるものだった
「学ぶに如かず」と　さらに聞く心を磨いた

高千穂峡のオノコロ池には　神輿を担ぐ人の

敬虔さと歓びがはじけ　神様も微笑んでいた
山道や田畑を歩く民の眼差しは森や草むらに
季節の食となる木々の実や野草を即判別する
水の確保が命をつなぐ大事なことを知っている
絆を固くして仕事をし　助け合い行事を行い
力を合わせて多くの楽しみを生み出してきた
土地に生き　苦労をともにし祈りを捧げてきた
人々が大切にしてきたものは何だったのだろうか
そんなことを考えながらの聞き取りの日々だった

語り手には
戦争を生き抜き　困難な時代を切り開いてきた人
若いけれど　知識や技能伝承を受け継いでいる人など
日々を生きてこられたたくましさと柔らかい心があった
知恵をいかし　絆・交流を通して暮らしを安定させ
美しい心で　神仏に対する敬虔な願いと祈りを捧げた
行事や祭りを行うことで　心を豊かにした

人生を楽しみつつ　文化の継承に熱意をもつ人も多い
さまざまな方々のお話を聞きつつ
「心から暮らしを楽しむは故郷にあり」の感を強くした
平成の年号がまもなく変わろうとしているこの時に
故郷の記憶をふりかえり現在を築き上げてきた人々の
姿を振り返ることも意味のあることではないだろうか
そんな思いが　本書となった

刊行にあたり、日ごろからみやざき民俗学会を御指導いただき、巻頭の辞を快くお引き受けくださった甲斐亮典先生をはじめ、調査を支えていただいたみやざき民俗学会会長原田解氏及び会員の皆様、そして調査に御協力いただいた県内の皆様方に心から感謝を申し上げます。

また、細心の御配慮で編集の任にあたられた鉱脈社の川口敦己社長、久保田聖氏に対しても感謝申し上げます。

ひょっとしたら、調査に笑顔で送り出してくれた妻の力で継続できたのかと思うこともあり、「ありがとう」とひとこと。

平成三十年七月二十一日

那賀教史

著者略歴

那賀 教史（なか　みちふみ）

昭和44年　大分大学卒。以来、宮崎県内小学校、県総合博物館、県教育庁文化課、児湯教育事務所等に勤務。

平成18年　宮崎市立大塚小学校長退職。以後宮崎県文書センター嘱託、宮崎公立大学非常勤講師（民俗学）として勤務。

現　在　宮崎民俗学会副会長、宮崎県みやざきの神楽魅力発進委員会委員、宮崎市文化財審議会会長、日本民俗学会会員現代民俗学会会員。

著書（共著）『宮崎県史（別編民俗）』、『日之影町史』『北川町史』『西都市史（民俗資料編　通史編）』、『宮崎県総合博物館「日向の山村生産用具（目録編、資料編１～７）」』『宮崎県「みやざきの民俗芸能」』、『宮崎県「みやざきの神楽ガイド」』、『妻町商家のくらし ― 河内家（河野藤太家）調査報告書 ― 』、『ふるさとを語る～西都に生きた人々のくらし～』、『祭礼行事・宮崎県』、『日本歴史地名体系・宮崎県の地名』、『江戸時代人づくり風土記・宮崎県』など。

みやざき文庫 130

［下巻］生業と交流の民俗
故郷（ふるさと）の記憶

2018年8月1日 初版印刷
2018年8月11日 初版発行

編　著　那賀　教史
© Michifumi Naka 2018

発行者　川口　敦己

発行所　鉱脈社
宮崎市田代町263番地　郵便番号880-8551
電話0985-25-1758

印　刷
製　本　有限会社　鉱脈社
